EL PODER DEL PENSAMIENTO

EL PODER DEL PENSAMIENTO

JOYCE MEYER

ORIGEN

Penguin
Random House
Grupo Editorial

Título original: *Powerful Thinking*
Primera edición: noviembre de 2021

Esta edición es publicada bajo acuerdo con
Hachette FaithWords, New York, New York, USA. Todos los derechos reservados.

© 2020, Joyce Meyer
© 2022, Penguin Random House Grupo Editorial USA, LLC
8950 SW 74th Court, Suite 2010
Miami, FL 33156

Traducción: Analía Pisani

A menos que se indique lo contrario, todas las citas bíblicas fueron tomadas de la Santa Biblia,
Nueva Versión Internacional, NVI, ©1973, 1978, 1984, 2011.

Impreso en Colombia / *Printed in Colombia*

ISBN: 978-1-64473-408-7

ORIGEN es una marca registrada de Penguin Random House Grupo Editorial

22 23 24 25   10 9 8 7 6 5 4 3 2

Contenido

Todo aquello que albergues en tu mente, es muy probable que ocurra en tu vida. Si continúas creyendo lo que siempre has creído, continuarás actuando como siempre has actuado. Si continúas actuando como siempre has actuado, continuarás obteniendo lo que siempre has obtenido. Si deseas obtener resultados diferentes en tu vida o en tu trabajo, lo único que debes hacer es cambiar tu mente.

Anónimo

INTRODUCCIÓN

¿Estás totalmente satisfecho con todos los aspectos de tu vida o existen áreas que te gustaría cambiar? ¿Hay aspectos de tu vida en los que sientes que necesitas madurar o volverte más fuerte? ¿Tienes objetivos que deseas alcanzar y sueños que anhelas cumplir? ¿Crees que naciste para ser o hacer algo y pareciera que no puedes lograrlo? *La clave para cambiar tu vida es cambiar tu pensamiento.* Si desarrollas patrones de pensamiento (mentalidades) de acuerdo con la Palabra de Dios, todas las áreas de tu existencia comenzarán a mejorar. En algunos casos, tus experiencias cambiarán, y en otras situaciones, el cambio de tu forma de pensar hará que veas las mismas circunstancias desde otra perspectiva. Eso cambiará tu vida. En ambas opciones, tú ganas.

Tus pensamientos son más poderosos de lo que podrías imaginar.

Tus pensamientos son más poderosos de lo que podrías imaginar. Todo en la vida comienza con un pensamiento. Estos se convierten en patrones que trazan tu rumbo, por lo que determinan tu destino. Tus patrones de pensamiento afectan todo en tu interior y todo a tu alrededor. Cada palabra que pronuncias y cada acto que concretas se origina en tu mente. Tus patrones de pensamiento forman tus actitudes; producen opiniones y perspectivas; moldean tu autoimagen; afectan tus relaciones; determinan tu nivel de productividad personal y profesional; ejercen una gran influencia en tus prioridades; guían la forma en que usas tu tiempo, tu energía y tus recursos financieros; además, marcan la diferencia entre el éxito y el fracaso. No existe área de tu vida que no esté afectada por el pensamiento. No puedo dejar de enfatizar la importancia de los pensamientos.

Tus pensamientos pueden estar a tu favor o en tu contra de maneras sorprendentemente poderosas. Esto ocurre porque la mente no es simplemente una función de tu cuerpo, sino que es parte de tu alma, junto con las emociones y la voluntad (la habilidad de tomar decisiones). La mente también es un campo de batalla espiritual, y tus pensamientos pueden ayudarte a crecer en tu relación con Dios o entorpecerla haciendo que pienses como quiere tu enemigo, Satanás. Tu mente es el terreno en el cual se produce la guerra contra el enemigo de tu vida y tu destino, contra las concepciones del mundo, esos conceptos que amenazan con engañarte. Tu mente es el campo de batalla en el que tomas las decisiones que pueden frustrarte o derrotarte, o que pueden brindarte fortaleza, salud, amor, gozo, paz y abundancia.

Las Escrituras enseñan con claridad que nos convertimos en aquello que pensamos. Las ideas y los patrones de pensamiento tienen la capacidad de hacer que las personas se sientan felices, positivas, fuertes y exitosas, o frustradas, negativas y débiles. Los patrones de pensamiento marcan la diferencia entre aquellos que logran sus objetivos y viven sus sueños, y los que parece que nunca pueden hacer lo que realmente anhelan.

Antes de continuar, deseo enfatizar que no creo que podamos crear con el pensamiento cualquier cosa que deseemos. Ese enfoque del poder de los pensamientos es una forma de humanismo, que consiste en una filosofía impía. Sin embargo, el simple hecho de reconocer que los pensamientos tienen poder no es humanista en ningún sentido; sino que es muy bíblico, según lo expresa Proverbios 23:7 (RVR-1995).

La Biblia nos enseña que nuestra mente debe atravesar un proceso de renovación para experimentar el plan de Dios para cada uno (Romanos 12:2). Sus pensamientos son más altos que los nuestros (Isaías 55:8-9); entonces, para caminar con Él y experimentar Sus benditos planes para nuestra vida, debemos aprender a pensar como Él piensa. La naturaleza humana no se inclina a tener pensamientos divinos, pero podemos elegir hacerlo y disciplinarnos para lograrlo.

Pocas personas se dan cuenta de que tenemos la capacidad de elegir nuestros pensamientos y decidir lo que queremos pensar. La mayoría medita pasivamente sobre cualquier cosa que llegue a la mente, sin nunca darnos cuenta de que el enemigo usa la mente para controlarnos, para evitar que cumplamos con los planes de Dios y Sus propósitos para nuestra vida. Es importante comprender que cuando una persona decide convertirse en cristiana, inmediatamente cambian su corazón y su espíritu, pero no comienza a pensar diferente de un momento a otro. Todos los que experimentamos la renovación al recibir a Cristo Jesús como Señor y Salvador recibimos un nuevo espíritu y un nuevo corazón de parte de Dios. No obstante, nuestra mente natural debe ser renovada y debemos aprender a pensar con la mente de Cristo, de acuerdo con la Palabra de Dios. Las intenciones del corazón pueden ser puras mientras que la mente todavía sigue confundida. La Biblia declara que debemos ser transformados con la renovación completa de nuestro entendimiento y nuestras actitudes (Romanos 12:2). Para logarlo debemos ser diligentes en el estudio profundo de la Palabra de Dios y pensar de acuerdo con lo que nos enseña.

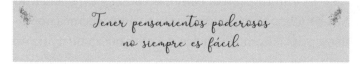

Tener pensamientos poderosos no siempre es fácil.

Tener pensamientos poderosos no siempre es fácil. Uno de los mayores avances de mi vida tuvo lugar cuando finalmente descubrí que tenía la capacidad de controlar mis pensamientos, y uno de los mayores desafíos que jamás haya enfrentado fue cambiar mi mentalidad al darme cuenta de que era posible. Puedes encontrar más información sobre mi experiencia para alcanzar pensamientos divinos en mis libros *El campo de batalla de la mente*, y *Pensamientos poderosos*, sobre los cuales se basa este material.

Considero que los títulos de los doce capítulos de este libro son "patrones de pensamiento del creyente victorioso". Cada capítulo se refiere a un pensamiento de vital importancia que debe desarrollar todo cristiano. Tenemos el poder para lograrlo porque *estamos en Cristo*. Separados de Él, nada tenemos, nada somos y nada podemos hacer (Juan 15:5). Pero en Él tenemos todo, somos todo y podemos hacer todo lo que sea la voluntad de Dios (Filipenses 4:13). Con Su ayuda, es posible tener pensamientos poderosos y renovados.

Si lo deseas, puedes abordar los capítulos de este libro como un programa de doce semanas, enfocándote en un solo pensamiento por semana, o puedes trabajar un capítulo por mes para que sea tu proyecto durante un año. Te llevará un tiempo hasta que estos patrones de pensamiento se arraiguen en tu mente; algunos demorarán más de una semana o un mes. Simplemente te sugiero algunas formas de aprovechar el contenido del libro.

En el proceso de cambiar tu mentalidad, podría suceder que te vaya bien con determinado patrón de pensamiento durante un tiempo, para luego sentir que regresas a tu antigua forma de pensar. Está bien; si lo reconoces, puedes cambiarlo. Cambiar tu mentalidad es un proceso que, a veces, puede parecer bastante complejo. La clave es no darte por vencido mientras luchas por alinear tus pensamientos con la Palabra de Dios. Continúa meditando en los patrones de pensamiento de cada capítulo y repitiéndolos en voz alta; a su debido tiempo verás que tu forma de pensar realmente cambia.

Los patrones de pensamiento de este libro están basados en verdades que son realidades para nosotros cuando estamos en Cristo. No existe verdadero poder si estamos separados del poder que Dios les da a Sus hijos, y para tener pensamientos realmente poderosos, debemos pensar de la manera como Dios nos enseña. Recuerda que, si cambias tu pensamiento, cambiará tu vida. Estoy convencida de que los pensamientos poderosos conducen a una vida poderosa. También creo que cuando empieces a desarrollar estos doce patrones de pensamiento, comenzarás a disfrutar de una vida maravillosa, mejor que en tus sueños más fascinantes.

PORQUE ESTOY EN CRISTO, PUEDO HACER TODO LO NECESARIO EN LA VIDA.

> *Cristo me da fuerzas para enfrentarme*
> *a toda clase de situaciones.*
> FILIPENSES 4:13 (TLA)

¿Crees que puedes hacer todo lo necesario en la vida? ¿Hay situaciones que te producen miedo o angustia, que te hacen pensar: "Nunca podré hacer eso"? Casi todos podemos pensar en circunstancias que realmente parecen imposibles, podemos pensar en algo que no estamos seguros de manejar.

Realmente es probable que algunas situaciones te parezcan desagradables o difíciles, pero a través de Cristo *puedes* hacer todo lo que sea necesario. Según la Palabra de Dios, tenemos la capacidad de hacer todo porque Cristo nos da las fuerzas (Filipenses 4:13). La Palabra no nos dice que todas las cosas serán fáciles para nosotros; no nos promete que disfrutaremos cada pequeña cosa que hagamos, pero podemos disfrutar de la vida en medio de estas circunstancias. En Él tenemos la capacidad de hacer todo lo que necesitamos hacer, porque Él mismo nos da la fuerza y la capacidad que nos hacen falta.

Con la ayuda de Dios

Filipenses 4:13 no dice que podemos hacer cualquier cosa que se nos ocurra porque recibiremos la fuerza suficiente, la inteligencia y la diligencia suficientes. Podemos hacer lo que necesitamos hacer. Esto se refiere a cualquier cosa que Dios quiera que hagamos, no simplemente lo que nosotros decidamos que queremos. La clave para hacer lo que necesitamos hacer es darnos cuenta de que no podemos lograrlo solos; únicamente lo podemos conseguir en Cristo. Por algún motivo, a menudo pensamos que debemos obrar gracias a la fuerza o las habilidades humanas. Tendemos a olvidar que el poder de Cristo obra en nosotros, por lo que nos dejamos derrotar antes de intentar algo. Recordemos que somos socios con Dios; no podemos hacer su parte ni Él puede hacer la nuestra. Él nos guiará y ayudará en todo, pero quiere que respondamos a su dirección y su guía, que confiemos plenamente en Él a cada paso.

A veces tendrás la tentación de pensar: "Esto es muy difícil. Simplemente no puedo hacerlo. Es demasiado para mí". Pero como creyente en Cristo Jesús, estás lleno del Espíritu de Dios y nada es demasiado difícil con Su guía. Dios no te llamará sin darte la capacidad y el poder de hacer lo que te pide.

Todos enfrentamos situaciones difíciles, y aunque Dios nunca es el responsable de nuestros problemas, los usa para nuestro crecimiento espiritual. Nuestra actitud frente a las dificultades es más importante que los desafíos en sí mismos, y es fundamental una buena actitud para superarlos con éxito. Si decides desarrollar una actitud cada vez más positiva y llena de fe, descubrirás que tus pruebas no son tan malas como piensas, y que pueden ser escalones hacia tus mayores victorias.

Dios te ha dado los dones, los talentos, las habilidades y la gracia que necesitas para cumplir su voluntad. La gracia de Dios es Su poder obrando a tu favor y Él te promete ayudarte con Su gracia (Santiago 4:6). Él nunca se queda sin poder, y ese poder está disponible para ti a través de Cristo. Si no te propones pensamientos que te reafirmen y te hagan recordar que el poder de Dios está obrando a través de ti, el enemigo puede derrotarte con pensamientos de incapacidad. Pero si le ordenas a tu mente pensar que eres capaz, descubrirás que puedes lograrlo, no por tu propia fuerza, sino por la fuerza que Dios te da.

Pensamientos poderosos, palabras poderosas

Jesús dice: "... de lo que abunda en el corazón habla la boca" (Lucas 6:45). Podemos descubrir mucho sobre nosotros si escuchamos lo que decimos. Te haré una pregunta: ¿tus pensamientos y tus palabras reflejan tu dependencia completa de Dios, pues comprendes que sus habilidades (no las tuyas) te dan el poder de lograr todo lo que necesitas hacer en la vida? A veces he tenido que examinar mis pensamientos y palabras para preguntarme si me veía como una persona que tiene fe en Dios, así que te aliento a que hagas lo mismo. Algunas respuestas no me gustaron, pero esa autoevaluación abrió mis ojos para ver que debía hacer algunos cambios. Nunca es un problema darnos cuenta de que estamos equivocados en algunas áreas de nuestra vida. El problema está en negarnos a enfrentar la verdad y no hacer los cambios que Dios nos muestra.

Mientras te preguntas si eres una persona de fe en Dios, te aliento a que te dispongas a enfrentar todo lo que Él desea mostrarte y le pidas que te cambie. Si estás confiando en tu propia fuerza, comienza a confiar en Él. Si estás sintiendo la frustración de hacer las cosas con tus capacidades humanas, dile a Dios que quieres que obre a través de ti y deja que Su suficiencia sea la tuya.

> *"Puedo hacer cualquier cosa que necesite a través de Cristo, que es mi fuerza"*

Cuando lleguen los desafíos, te animo a que desarrolles el hábito de decir inmediatamente: "Puedo hacer cualquier cosa que necesite a través de Cristo, que es mi fuerza". Las palabras son depósitos de poder, y pronunciar palabras alineadas con la Palabra de Dios te ayudará a hacer lo que Él quiere que hagas. No llenes tu depósito de palabras con ideas que te *in*capacitan sino con aquellas que te capacitan.

A medida que medites en la verdad de que puedes hacer lo que sea necesario a través de Cristo, dejarás de sentirte tan abrumado por las situaciones que te han intimidado. Si permites que ese pensamiento ronde tu mente o lo dices, desarrollarás un patrón saludable que te da poder para salir victorioso de cualquier situación.

BASTA DE EXCUSAS

Una razón por la que muchas personas no disfrutan su vida, se menosprecian y se pierden de algunas bendiciones de Dios es que no creen que pueden hacer cualquier cosa que necesiten, entonces se dan por vencidas cuando deben enfrentar desafíos. Nunca saborean el gozo de lograr una meta o cumplir un deseo porque no se desafían para superar las dificultades.

Todos tenemos excusas para renunciar. Cuando sucede algo difícil o poco agradable que representa un desafío o nos impone más de lo que queremos manejar, pensamos o decimos:

- Es demasiado difícil.
- No tengo suficiente tiempo.
- No planeaba esto para hoy.
- No tengo dinero.
- No tengo nadie que me ayude.
- No imagino cómo podría funcionar eso.

- Simplemente no tengo ganas.
- En este momento tengo demasiados problemas personales y demasiadas cosas en mi vida.
- No sé cómo hacerlo.
- Nunca hice esto y ni siquiera conozco a alguien que alguna vez lo haya hecho.
- Tengo miedo.

Muchos de estos pensamientos están basados en emociones, en cómo te sientes. Déjame alentarte a que no pienses en tus emociones ni hables de ellas; lo que sientes no siempre concuerda con la Palabra de Dios. Por eso es importante convencerte de que puedes sentirte abrumado y aun así decir: "Porque estoy en Cristo puedo realizar todo lo que necesito hacer en la vida".

Espero que a partir de ahora dejes de mirar tus debilidades y tu insuficiencia; no permitas que estas te digan lo que puedes y lo que no puedes hacer, porque el poder de Dios se perfecciona en tu debilidad (2 Corintios 12:9). Dios manifiesta su poder a través de la debilidad y la incapacidad del ser humano. Deliberadamente elige personas que no pueden hacer lo que les pide de ningún modo, a menos que dejen que Él lo haga a través de ellos. Con Dios, no necesitas habilidad, sino simplemente disponibilidad y una actitud de confianza.

Con Dios, no necesitas habilidad, sino simplemente disponibilidad y una actitud de confianza.

Si estás dispuesto a cambiar las excusas de "no puedo" por pensamientos de "puedo" y dices: "Puedo hacer cualquier cosa que sea necesaria, porque Dios me da el poder. Soy fuerte en el Señor y, en su gran poder, soy capaz de hacer cualquier cosa que me pida", comenzarán a producirse cambios extraordinarios, tendrás más determinación y entusiasmo para enfrentar cada día.

ERES MÁS QUE VENCEDOR

Romanos 8:37 nos enseña cómo debemos pensar sobre los desafíos que enfrentamos: "Sin embargo, en todo esto somos más que vencedores por medio de aquel que nos amó".

Creo que ser "más que vencedor" significa tener tal confianza en Dios que, sin importar qué situaciones debamos enfrentar, sabemos que podemos superarlo a través de Él. Incluso antes de encontrarnos con un problema, tenemos la certeza de que lograremos la victoria. Creemos que con su ayuda podemos hacer y lograr todo. Entonces, no tenemos miedo a nada. No tememos a lo desconocido, ni vivimos en ansiedad por lo que ha de suceder. En realidad, no importa cuál es el reto; sabemos que podremos manejarlo a través de Cristo. La derrota no es una opción.

Si pensamos en una circunstancia negativa por demasiado tiempo, le estaremos dando el poder para abrumarnos. No en vano la Biblia dice que debemos desviar la atención de las cosas que nos distraen y fijar nuestros ojos en Jesús, porque "de Él viene nuestra confianza, y es Él quien hace que confiemos cada vez más y mejor" (Hebreos 12:2, TLA). En todo momento, debemos recordar que Él es quien nos da "el poder obrar", y que debemos habituarnos a mirarlo a Él a lo largo del día.

Si cada día empiezas a pensar: "Puedo manejar cualquier cosa que la vida me depare; puedo realizar cualquier cosa que necesite hacer en mi vida; soy más que vencedor; Cristo me da fuerzas para enfrentarme a toda clase de situaciones", si incluso antes de levantarte de la cama cada mañana permites que ese pensamiento ronde en tu mente, tu confianza se disparará y descubrirás que junto a Él, indefectiblemente podrás realizar todo lo que sea necesario.

Piensa, luego actúa

1. ¿Qué necesitas para comenzar a creer que puedes hacer cosas con la ayuda de Dios? ¿Qué pasos tomarás para lograrlo?

---

2. ¿Qué comenzarás a pensar y decir para reflejar tu confianza en la capacidad de Dios para ayudarte a hacer cualquier cosa que necesites?

---

3. ¿En qué situación específica necesitas comenzar a creer que eres más que vencedor? ¿Cómo puedes actuar con base en esa creencia?

_____

_____

Patrón de pensamiento 2

PORQUE ESTOY EN CRISTO, SOY AMADO INCONDICIONALMENTE.

> *Desde antes de crear el mundo Dios nos eligió,*
> *por medio de Cristo, para que fuéramos sólo de él*
> *y viviéramos sin pecado. Dios nos amó tanto*
> *que decidió enviar a Jesucristo para adoptarnos*
> *como hijos suyos, pues así había pensado*
> *hacerlo desde un principio.*
> EFESIOS 1:4-5 (TLA)

"¿Qué está mal conmigo?"

Si eres como la mayoría de las personas, te has hecho esta pregunta muchas veces. Es una duda común que el enemigo siembra en la mente de las personas, y la he tenido por varios años. El objetivo es hacerte sentir que no eres como debes ser, y evitar que disfrutes de ti mismo y de tu vida.

El enemigo quiere que te preguntes qué ocurre contigo para que te centres en ti mismo tratando de descubrir qué es lo que está mal. Dios no desea que te atormentes con esa pregunta. Él quiere que sepas cuánto te ama. Cuando verdaderamente crees que Dios te ama y te acepta incondicionalmente, el enemigo ya no puede hacerte sentir mal respecto de tu persona. Es probable que te sientas mal por algo incorrecto que hiciste, pero no te sentirás mal en relación contigo mismo si te das cuenta de que Dios nunca deja de amarte, ni siquiera por un segundo.

Dios no solo te ama, sino que también elige verte como justo en Él, aceptado e inocente (2 Corintios 5:21). Eso es lo que recibimos a través de la fe en Cristo Jesús como Señor y Salvador. Debido a que esto es verdad, podemos asegurar: "Soy la justicia de Dios en Cristo. Soy elegido en Cristo y en Él soy inocente ante Dios". Heredaste esta posición en Dios a través de la fe en Jesús, no a través de obras que puedas considerar correctas o incorrectas.

Aunque Dios desea que aprendas a comportarte correctamente, Él te acepta y ama desde el comienzo, incluso antes de que hagas algo que le agrade. Una vez que te aferras y pones el fundamento en su amor incondicional, Él comienza a transformar tu carácter a la imagen de su Hijo. Si quieres que tu conducta mejore, entonces el conocimiento del amor incondicional de Dios debe ser el pilar de tu "nuevo yo". Mientras más experimentes su amor, más desearás hacer lo que le agrada.

Relación, no religión

Jesús no murió para que podamos tener una religión. Jesús murió para que podamos tener una relación pro-

funda, íntima y personal con Dios a través de Él. El lega-
lismo religioso nos indica que cumplamos leyes y normas
para estar cerca de Dios. Pero la relación nos permite
acercarnos a Él porque nos eligió para que seamos sus hijos amados. No hay nada que podamos hacer para ganar
o merecer su amor. Él simplemente *es* amor (1 Juan 4:8),
y Él nos ama por lo que Él es, no por lo que nosotros hacemos o dejamos de hacer.

*la relación nos permite acercarnos a Él porque
nos eligió para que seamos sus hijos amados.*

No podremos acercarnos a Dios si tenemos miedo
de desagradarle. Por eso es fundamental que compren-
damos la diferencia entre "quiénes somos" y "qué hacemos"; aprendamos a separar *quiénes* somos en Cristo
y la importancia que tenemos para Dios del *qué* hacemos, sin importar si sentimos que está bien o que está
mal. Solamente cuando podamos separar ambos conceptos comenzaremos a estar seguros de que somos
amados incondicionalmente. Cuando pecamos, debemos admitirlo y arrepentirnos, pero Dios sigue mirán-
donos a través de Cristo y nos sigue aceptando.

Es muy común que el enemigo consiga engañarnos
para que pensemos que nuestra aceptación se basa en
nuestro comportamiento. Esto es totalmente contrario
a las Escrituras. Dios nos ama y acepta por completo.
Somos hechos justos en Él porque ponemos nuestra fe

en Cristo Jesús y la obra que hizo por nosotros en la cruz. Él pagó por nuestros pecados y delitos. Nos limpió de la culpa y nos reconcilió con Dios. Ahora, cuando nos presentamos ante Dios, gozamos de justicia y no de culpabilidad. El perdón y aceptación son nuestros porque Él nos los dio como regalo, no porque lo hayamos ganado.

Una vez vi una calcomanía en el parachoques de un automóvil que decía: "Deudor soy, deudor soy; por eso al trabajo voy". Inmediatamente me di cuenta de que, durante años, había vivido espiritualmente con esa mentalidad. Sentía que le debía algo a Dios por todas las cosas incorrectas que había hecho y todos los días trataba de hacer buenas obras para compensar mis errores. Quería que Él me bendijera, pero sentía que debía ganarme Sus bendiciones. Finalmente, aprendí que no podemos pagar los regalos de Dios, porque si pudiéramos, entonces no serían regalos.

Dios mira nuestro corazón y Su trato hacia nosotros depende de nuestra actitud hacia Él. No hago todo bien, pero sí amo mucho a Dios y quiero Su voluntad en mi vida. Lamento enormemente mis pecados y me entristezco cuando sé que lo he defraudado. Estoy segura de que, debido a que estás leyendo este libro, la actitud de tu corazón es la misma que la de mi corazón. Es probable que, al igual que yo, te hayas atormentado por años preguntándote qué ocurre contigo. Saber que Dios te ama incondicionalmente te libera de todas esas emociones negativas y te permite disfrutar de ti mismo a medida que cambias y creces en Él.

> *Saber que Dios te ama incondicionalmente te libera de todas esas emociones negativas*

JESÚS PAGÓ EL PRECIO MÁS ALTO

El hecho de que Dios enviara a Su único hijo amado a sufrir una muerte dolorosa en nuestro lugar nos confiere valor y nos permite tener la certeza de que Él nos ama inmensamente. Fuimos comprados por un precio, el más alto, el más valioso, la sangre de Jesús (1 Pedro 1:19). Él pagó por nuestros delitos, aseguró nuestra justificación, saldó nuestras cuentas con Dios y nos limpió de toda culpa (Romanos 4:25).

En la cruz, Jesús ocupó nuestro lugar, haciéndose cargo de lo que merecíamos (el castigo como pecadores) y obsequiándonos libremente lo que Él merece (todo tipo de bendiciones). Su sacrificio inmediatamente nos trasladó de un estado de iniquidad a ser vistos por Dios como justos a través de la fe en Jesús. Su muerte y Su resurrección nos sacaron de la miseria y el tormento del reino del enemigo para llevarnos a las inefables bendiciones del reino de Dios, a fin de vivir como Sus hijos amados (1 Pedro 2:9; Colosenses 1:1). La gracia de Dios compró nuestra libertad, y la fe es la mano que se extiende para recibirla.

Ningún acto jamás realizado en la Tierra podría siquiera parecerse al maravilloso regalo que Jesús nos dio en la cruz. La justicia de Dios exigía que nuestros pecados fueran pagados y Jesús pagó toda deuda que pudiéramos tener.

COMPORTAMIENTO CANCELADO

Nuestras experiencias en el mundo nos han hecho creer que no podemos ser aceptados si no nos "comportamos" bien en la vida, y que nuestros actos determinan cuánta aceptación recibimos. Hemos sido engañados para creer que lo que hacemos es más importante que lo que somos. Esto nos coloca en la posición de constantemente probarnos y probarle a los demás que somos valiosos por lo que hacemos.

Mientras sigamos pensando que el amor de Dios es condicional, seguiremos tratando de ganarlo con nuestros intentos de probar que somos dignos de amor. Entonces, cuando cometemos errores, sentimos que ya no somos valiosos, por lo tanto, que no merecemos amor. Sufrimos la culpa, vergüenza y condenación de creer que merecemos ser rechazados. Seguimos intentándolo más y más hasta que, a veces, nos agotamos mental, emocional, espiritual y hasta físicamente. Nos esforzamos por construir una buena fachada, pero por dentro estamos exhaustos y, a menudo, aterrados.

Una vez que empezamos a creer que el amor de Dios se basa en quién es Él y en lo que Jesús hizo por nosotros en la cruz (y no en lo que nosotros hacemos) la batalla se acaba. Podemos cancelar nuestro comportamiento y servir a Dios porque *sabemos* que Él realmente nos ama y no necesitamos "hacer" que nos ame. Ya sabemos que tenemos su amor y nunca existirá circunstancia alguna que haga que Él deje de amarnos (Romanos 8:38-39). Ya no tenemos que vivir en el temor de que nos rechace por nuestros errores. Cuando hacemos algo que no agrada a Dios, lo único que debemos hacer es arrepentirnos, recibir Su perdón y rechazar la culpa que viene junto con el pecado. La culpa ya no rige sobre nosotros una vez que el pecado es perdonado y eliminado.

> *Tenemos su amor y nunca existirá circunstancia alguna que haga que Él deje de amarnos*

A Dios le desagrada que pequemos (esto es "qué hacemos" y no "quiénes somos"), pero *siempre* nos ama. Nos ama lo suficiente como para corregirnos y seguir obrando en nosotros a fin de producir un comportamiento más santo (Hebreos 12:10). Estamos predestinados a ser transformados a la imagen de Jesús (Romanos 8:29), y estoy agradecida porque Él envió al Espíritu Santo para convencernos de nuestros pecados y compartir Su santidad en nosotros y a través de nosotros. Esto es obra de la gracia de Dios y ocurre poco a poco a medida que estudiamos Su Palabra (2 Corintios 3:18).

Un versículo importante para comprender, a medida que aprendemos a creer que somos amados y aceptados por Dios es 2 Corintios 5:21: "Al que no cometió pecado alguno, por nosotros Dios lo trató como pecador, para que en él recibiéramos la justicia de Dios". ¡Saber que somos amados y aceptados aun en nuestras imperfecciones es un alivio tan grande! Servir a Dios porque lo deseamos y no porque sentimos que es una obligación es increíblemente liberador, produce una enorme paz y un gran gozo en nuestra vida. La Biblia dice que lo amamos porque Él nos amó primero (1 Juan 4:19). Tener la seguridad del amor incondicional de Dios nos da confianza y valentía, y hace que seamos más que vencedores en cada situación (Romanos 8:37).

más que vencedores en cada situación

Nuestra confianza no debe estar puesta en nada ni nadie más que en Jesús. Podemos tener la seguridad de que Él siempre será fiel y hará lo que dice que va a hacer; y lo que dice es que siempre nos amará. Dice que somos justos delante de Él y simplemente debemos elegir creerlo.

No importa lo que la gente diga, Dios se deleita en decirte mediante Su Palabra quién eres en Él: una persona amada, valiosa, preciosa, talentosa, inteligente, capaz, poderosa, sabia y redimida. Él tiene un buen plan para ti. ¡Emociónate con tu vida! Has sido creado a la imagen de Dios, eres increíble y eres amado incondicionalmente.

PIENSA, LUEGO ACTÚA

1. ¿Cómo crees que Dios se siente con relación a tu persona? Ahora repite: "¡Dios me ama incondicionalmente!"

2. Enumera cinco cosas positivas sobre ti. Es probable que te resulte difícil si nunca lo has hecho, pero puedes ser valiente.

3. Dibuja una línea en el centro de un trozo de papel. Hacia un lado de la línea escribe "Quién soy" y hacia el otro lado escribe "Qué hago". Debajo de "Quién soy", enumera quién eres según la Palabra de Dios, y debajo de "Qué hago", enumera las cosas que haces bien y las cosas que haces mal. Esto te ayudará a separar quién eres de lo que haces. Ahora tacha la sección "Qué hago" porque no tiene nada que ver con el amor de Dios por ti. ¡Solo enfócate en quién eres en Él!

Patrón de pensamiento 3

PORQUE ESTOY EN CRISTO, NO VIVO EN TEMOR.

Pues Dios no nos ha dado un espíritu de timidez,
sino de poder, de amor y de dominio propio.
2 TIMOTEO 1:7

Solo cuando desarticulamos el poder del miedo en nuestra vida podemos ser libres para hacer lo que está en nuestro corazón o para seguir a Dios. Para cumplir con el buen plan de Dios para nosotros y disfrutar de todas las bendiciones que quiere darnos, simplemente debemos negarnos a dejar que el miedo nos controle. El miedo trae tormento y, cuando domina nuestra vida, no nos permite disfrutar nada de lo que hacemos. Pero cuando nos liberamos de ese miedo, podemos tener el gozo de una vida de paz, satisfacción y bendiciones.

Para cumplir con el buen plan de Dios
para nosotros y disfrutar

CÓMO FUNCIONA EL MIEDO

El miedo nos puede paralizar por completo, por eso Satanás lo utiliza para robarnos de diversas maneras. Por ejemplo, el miedo a no ser aceptados como somos hace que desarrollemos personalidades falsas que reprimen nuestro verdadero yo y ocultan la persona que Dios nos destinó a ser. El miedo al fracaso evita que intentemos nuevas cosas o que vayamos más allá de nuestra zona de confort. El miedo al futuro puede impedir que disfrutemos el presente.

Creo que el miedo es la herramienta del enemigo para mantenernos infelices, frustrados y fuera de la voluntad de Dios; consume nuestro coraje, nos infunde una mentalidad negativa y evita que progresemos. Los destinos se ven arruinados por el miedo; miedo al dolor, miedo al malestar, miedo a la escasez, miedo al sacrificio, miedo a que la vida se vuelva demasiado difícil, miedo a perder amigos, miedo a la soledad, miedo a manchar la reputación, miedo a que nadie nos entienda, miedo a fallarle a Dios, y así podríamos seguir y seguir.

El miedo es producto del esfuerzo que el enemigo hace para tergiversar la fe. "Cree lo que te digo. Lo que intentas hacer no va a funcionar. Tus oraciones no sirven de nada. Dios no te acepta. Eres un fracaso". El miedo siempre te dice lo que no eres, lo que no tienes, lo que no puedes hacer y lo que nunca serás. Pero la Palabra de Dios te dice la persona que eres, lo que tienes, lo que puedes hacer y quién puedes ser en Él. El enemigo intentará usar el miedo para controlar tu vida, pero puedes negarte a permitir que lo haga. Puedes ser valiente, intrépido y aventurero. La única manera de vencer el miedo es enfrentarlo y no dejar que te detenga cuando quieres hacer lo que sabes que debes hacer, aunque debas "hacerlo con temor".

La Palabra de Dios te dice la persona que eres, lo que tienes, lo que puedes hacer y quién puedes ser en Él.

EL ABURRIMIENTO

Dios te creó para experimentar la emoción de una vida que requiere que te atrevas a dar pasos de fe y ver que Él viene a tu encuentro. Muchas personas no están satisfechas con su vida simplemente porque no se animan a caminar hacia las cosas nuevas que desean hacer. Quieren sentirse seguras, pero la seguridad no siempre deja espacio para las grandes alegrías y aventuras de la vida.

A menudo el aburrimiento es el resultado de la monotonía. Te aliento a que incluyas más variedad en tu vida. Intenta cosas nuevas; cuando comiences a sentir que la vida se está volviendo insípida e insulsa, agrégale un poco de condimentos haciendo algo diferente. No permitas que el miedo evite que experimentes la vida emocionante que Dios te preparó o que destruya tu destino. Comienza a pensar y decir: "No viviré en temor". Es probable que algunas veces te sientas atemorizado, pero puedes elegir sobreponerte al miedo y hacer lo que has planeado. Quizá todavía sientas temor, pero igualmente puedes ponerte en acción. Si luchas en esta área, te recomiendo que leas mi libro *Hazlo con temor*.

No va a desaparecer

Debemos aprender a lidiar con el miedo de manera eficaz *antes* de que nos paralice, porque nunca desaparecerá por completo. Sentir miedo es parte de sentirse vivo. Podemos estar atemorizados al hacer algo que nunca hicimos, cuando los obstáculos parecen insuperables o cuando no tenemos la ayuda natural que sentimos que necesitamos. Nada de esto significa que somos cobardes; significa que somos humanos. Solo podemos ser cobardes cuando dejamos que el miedo dirija nuestras acciones o decisiones en lugar de seguir nuestro corazón y hacer lo que sabemos que es correcto para nosotros. Sentir miedo simplemente es tener la *tentación* de alejarnos de lo que debemos enfrentar; no significa que dejamos que los sentimientos de temor nos arrebaten lo mejor de nosotros y tomen las decisiones que debemos tomar.

En la Biblia, cuando Dios les dijo a diferentes personas "no temas", básicamente les estaba diciendo: "el miedo *vendrá* a buscarte y tendrás que enfrentarlo". No importa cómo te sientas, sigue avanzando y llegarás al destino deseado. No estoy sugiriendo que hagas tonterías, pero si tienes la plena seguridad de que Dios es quien te dirige, entonces continúa hacia adelante sin que importe lo que sientas o lo que digan los demás. A menudo digo: "El coraje no es la ausencia de miedo, sino que es el avance en Su presencia".

> "El coraje no es la ausencia de miedo, sino que es el avance en Su presencia"

Está bien sentir miedo, pero no es correcto actuar con base en los sentimientos de temor. Tener miedo no significa temblar, estremecerse, que se seque la boca o se doblen las rodillas. Leí muchas definiciones de la palabra *miedo* y me gusta decir que *miedo* simplemente significa "escaparse" o "alejarse" y nos tienta a darle la espalda a lo que Dios quiere que enfrentemos. El miedo no es un sentimiento, es un espíritu maligno que produce un sentimiento. Cuando decimos "El miedo no me doblegará", lo que queremos decir es "No voy a retroceder por miedo". El miedo hace que nos acobardemos y nos retiremos. Hace que nuestra fe disminuya en lugar de aumentar y, si lo albergamos durante mucho tiempo, la extermina por completo.

La única actitud aceptable de un cristiano con relación al miedo es: "No temeré". Dios sabe que el primer impulso de una persona cuando siente temor es retroceder. Por eso dice: "No temas"; es decir que, sin importar lo que sientas, debes seguir colocando un pie adelante del otro y haciendo lo que Él te dijo que hicieras porque es la única manera de vencer el temor y progresar.

Ora y declara

Pasé muchos años siendo una persona temerosa, aunque mi personalidad era fuerte y parecía valiente. Para ayudarme a ser libre del miedo, Dios me enseñó a usar lo que yo llamo las "mellizas de poder", que me auxiliaron para que lo venciera: "orar y declarar". Cuando tengo miedo, comienzo a orar y pido la ayuda de Dios. Luego declaro: "¡No temeré!". Hasta aprendí a decir: "El miedo siempre me enfrentará, pero lo ignoraré y seguiré avanzando".

Comencé a superar el miedo orando, pensando y diciendo: "No viviré en temor". Recuerda que el miedo significa "escaparse o alejarse de algo". Aprendí que debía dejar de correr y quedarme quieta el tiempo necesario hasta ver qué haría Dios por mí si permitía que mi fe en Él fuera mayor que mis miedos. Finalmente, descubrí que cuando Dios me llevaba a un lugar nuevo que sería mejor para mí, el enemigo lanzaba un ataque de miedo en mi contra.

El miedo es el arma favorita del enemigo, y lo usa magistralmente en contra de nosotros, hasta que aceptamos que en Cristo tenemos el poder de avanzar más allá del temor, y progresar. Tú también puedes usar las mellizas de poder "orar y declarar" cada vez que sientas temor. Así vitarás que el miedo te controle. Es probable que te sigas sintiendo atemorizado, pero podrás superarlo y descubrir que solo es un intento del enemigo por evitar que disfrutes de la vida o avances. Haz lo que debes hacer, aunque lo hagas con temor.

Haz lo que debes hacer, aunque lo hagas con temor.

Llénate de fe

El miedo es lo opuesto de la fe. El enemigo trata de manipularnos a través del miedo, mientras que Dios quiere bendecirnos a través de la fe. El miedo es como el enemigo falsifica la fe. En otras palabras, podemos conocer la voluntad de Dios y cumplirla cuando ponemos nuestra fe en Él, o podemos cooperar con los deseos del enemigo a través del miedo.

Cuando el miedo golpee la puerta de nuestra vida, si la encuentra llena de fe, no podrá entrar. Te ruego fervientemente que reflexiones sobre esto y confieses que estás lleno de fe. Yo lo expreso de esta manera: "Soy una mujer de fe. Pienso con fe, hablo con fe y camino en fe". También elijo porciones de la Escritura sobre la fe y medito en ellas. El miedo nos debilita de muchas maneras, pero la fe le aporta coraje, valentía, confianza y energía a nuestra vida.

Cuando Satanás venga a atacarte con miedo, asegúrate de estar lleno de fe, así no habrá lugar para él. El miedo y la fe no pueden coexistir; si tienes uno, no tendrás el otro. La Palabra de Dios genera fe en tu corazón; estúdiala, medita en ella, y podrás mantener el miedo fuera de tu vida.

DIOS ESTÁ CONTIGO

Para superar el miedo, debemos creer que Dios está con nosotros (Josué 1:9; Isaías 41:10). Esta es la clave para obedecer el mandato que tantas veces Él repite en las Escrituras: "No temas". Si tenemos la confianza de que Dios está con nosotros, no temeremos.

Es fácil sentir temor si pensamos en el futuro y en lo que nos resulta desconocido. Podemos verlo de dos maneras; podemos ser negativos y sentirnos temerosos o podemos sentirnos emocionados por ser parte del misterio de Dios, teniendo la seguridad de que Él sabe exactamente qué va a pasar y estará justo allí con nosotros para ayudarnos y dirigirnos.

> *Él sabe exactamente qué va a pasar y estará justo allí con nosotros para ayudarnos y dirigirnos.*

A Dios nada puede sorprenderlo. Sabe todo antes de que suceda y ya ha planeado nuestro rescate. Entonces, simplemente debemos avanzar un paso por vez. No es necesario que nos preocupemos sobre el próximo paso, porque Dios estará allí para guiarnos cuando llegue el momento.

Dios está con nosotros todo el tiempo y en cualquier circunstancia. Esta poderosa verdad puede demoler completamente el miedo en nuestra vida. No tenemos que ver ni sentir a Dios para creer que está cerca. La fe es un asunto del corazón, no de nuestros cinco sentidos.

Te aliento a que creas que Dios está contigo y comiences a vivir libre del miedo. Mientras más consciente estés de la presencia del Creador, más confianza sentirás. Tienes una sola oportunidad para vivir. ¡Disfrútala con valentía y nunca dejes que el miedo te robe lo mejor que Dios tiene para ti!

Piensa, luego actúa

1. Tómate un momento para imaginar cómo sería tu vida si estuvieras libre del miedo. ¿En qué se diferencia una vida sin miedo de tu vida actual?

_____

_____

2. ¿De qué manera el miedo provoca una vida segura pero aburrida para ti? ¿Qué harás para liberarte de él y hacer algo que siempre has querido, aunque esté fuera de tu zona de confort?

_____

_____

3. ¿Qué puedes hacer para evitar que el miedo te controle, que influya en tus decisiones?

_____

_____

Patrón de pensamiento 4

<small>Porque estoy en Cristo, no me ofendo con facilidad.</small>

Los que aman tu palabra disfrutan de mucha paz
y no sufren ningún tropiezo.
<small>Salmo</small> 119:165 (TLA)

Las personas que anhelan vidas poderosas deben volverse expertos en perdonar a quienes los ofenden y lastiman. Si desarrollas el patrón de pensamiento de no ofenderte fácilmente, tu vida será mucho más agradable. Hay personas en todas partes y nunca se sabe qué pueden decir o hacer. Negarte a perdonar a alguien es otorgarle a esa persona el control sobre tu vida, y ¿por qué alguien querría hacer eso? Sentirte herido y ofendido no cambia a las otras personas, solo a ti. Te hace sentir miserable y te roba la paz y el gozo; entonces, ¿por qué no te preparas mentalmente para no caer en la trampa de Satanás? Sentirte ofendido no cambiará a la persona que te lastimó, sino que te cambiará a ti. Te volverá más resentido, retraído y a menudo, proclive a vengarte. Hará que centres tus pensamientos en cosas que no llevan buenos frutos para tu vida.

Las oportunidades para ofenderse abundan

Siempre que estemos rodeados de personas, tendremos oportunidades para ofendernos. Ten la certeza de que la tentación de sentirse herido, ofendido o enojado vendrá como cualquier otra tentación. Orar para que no se nos presenten tentaciones no hace ningún bien, pero podemos elegir tomarlas o dejarlas cuando las enfrentamos. Ofendernos con facilidad es muy grave y tiene consecuencias catastróficas. Satanás no dejará de tentarnos para que nos ofendamos, pero el Espíritu Santo nos da el poder de resistirlo.

Una de las señales de los últimos días antes del regreso de Jesús es que las ofensas aumentarán.

> En aquel tiempo muchos se apartarán de la fe:
> unos a otros se traicionarán y se odiarán.
> Mateo 24:10

Actuar sin cortesía, tener mal carácter y guardar rencores parecen actitudes comunes en la actualidad. A veces pienso que en el mundo hay más individuos enojados y ofendidos que individuos que no lo están. Las personas juegan a favor del enemigo cuando permiten que las emociones negativas y venenosas las dirijan. Espero que a menudo pienses y digas: "Porque estoy en Cristo no me ofendo con facilidad".

Deja que Dios lo haga

Una razón por la que nos resulta difícil perdonar cuando nos ofenden es que hemos escuchado y nos hemos repetido muchas veces que perdonar es complicado. Hemos configurado nuestra mente para fallar en uno de los mandamientos más importantes de Dios: perdonar y orar por nuestros enemigos, por aquellos que nos lastiman y maltratan (Lucas 6:35-36). Pensamos demasiado sobre lo que nos ofendió y no lo suficiente en el perdón que Dios nos extendió.

Aunque orar por nuestros enemigos y bendecir a los que nos maldicen puede parecer difícil, podemos hacerlo si configuramos nuestra mentalidad para lograrlo. Dios nunca nos pide que hagamos algo que no sea bueno para nosotros, y nunca nos exige algo que no podamos hacer. Creo que perdonar a quienes nos lastiman y ofenden es una de las cosas más poderosas que podemos hacer a nivel espiritual, y Dios nos da la fuerza que necesitamos (Filipenses 4:13). La Biblia dice: "Vence el mal con el bien" (Romanos 12:21).

Cree lo mejor

Creer lo mejor de las personas nos ayuda mucho en el proceso de perdonar a quienes nos lastiman y ofenden. Como seres humanos, tendemos a sospechar del prójimo, y muchas veces resultamos lastimados producto de nuestra propia imaginación. Es posible que creamos que alguien nos hirió intencionalmente cuando la verdad es que esa persona ni siquiera fue consciente de que hizo algo y le apenaría saber que nos lastimó. Dios nos motiva a amar a otros y el amor siempre cree lo mejor (1 Corintios 13:7).

> *Dios nos motiva a amar a otros y el amor siempre cree lo mejor*

Te aliento a que creas lo mejor de tu prójimo. Resiste la tentación de cuestionar sus motivaciones o pensar que te lastimaron deliberadamente. Creer lo mejor de las personas sacará la ofensa y la amargura de tu vida, te ayudará a permanecer en paz y gozo.

CANSADO, SUSCEPTIBLE E HIPERSENSIBLE

Algunas veces estamos más predispuestos a sentirnos ofendidos y heridos. Muchos años de experiencia me han enseñado que cuando estoy excesivamente cansada, soy más susceptible y propensa a que lastimen mis sentimientos que cuando estoy descansada. Por eso aprendí a evitar conversaciones que podrían resultar incómodas cuando estoy cansada. También aprendí a esperar para plantear temas que podrían ser incómodos para Dave cuando él está cansado. Aliento a los esposos y las esposas a aprender a relacionarse de maneras que se minimicen las posibilidades de ofender, así como Dave y yo aprendimos.

También descubrí que puedo ofenderme con más facilidad cuando he estado trabajando por mucho tiempo sin descanso. Es probable que no esté cansada físicamente, pero mi mente está fatigada y necesito un poco de creatividad o diversidad. Comprender estas dinámicas sobre mí misma me ha ayudado a evitar las ofensas. Puedo decirme: "Estoy cansada y por eso estoy susceptible. Necesito librarme de esto en lugar de disgustarme por algo que normalmente no me afectaría".

Cuando estamos tentados a pecar sintiéndonos ofendidos, es probable que necesitemos darnos instrucciones verbales como: "Sé que estoy cansado y frustrado, pero no voy a pecar. No voy a abrirle la puerta de mi vida al enemigo sintiéndome ofendido. Voy a obedecer a Dios y perdonar a esta persona, no albergaré sentimientos de aflicción y ofensa en mi corazón".

Te aliento a darte instrucciones siempre que lo necesites para descubrir cuando estás más propenso a ofenderte con facilidad. Como dije antes, estoy más sensible para ofenderme cuando estoy cansada o bajo presión, y creo que a la mayoría nos sucede lo mismo. Algunas mujeres están extremadamente sensibles o proclives a los arrebatos "en esos días del mes". Otras personas, sienten fluctuar considerablemente sus emociones cuando atraviesan algún cambio en su vida. Conócete y sé consciente cuando lleguen circunstancias que te vuelven susceptible. Durante esos momentos, sé diligente en negarte a sentirte ofendido.

ES UNA ELECCIÓN

La decisión de no ofendernos no siempre cambia lo que sentimos sobre la manera en que alguien nos trató. Uno de los mayores problemas es que, generalmente, dejamos que nuestros sentimientos dirijan nuestras elecciones y nunca llegamos a tomar las decisiones que debemos tomar. Sin embargo, los sentimientos finalmente se equipararán con las decisiones; entonces, necesitamos ser responsables para tomar decisiones piadosas y dejar que los sentimientos las sigan. Fortalecerte en el pensamiento: *Porque estoy en Cristo no me ofendo con facilidad*, te puede preparar por adelantado para cualquier ofensa que tengas que enfrentar. Te capacitará para perdonar y liberar a quien te ofendió, lo que te mantendrá fuera de las ataduras del rencor.

Una persona sabia se niega a vivir albergando ofensas o heridas en el corazón. La vida es demasiado corta para desperdiciar un día sintiéndonos enojados, amargados o resentidos. Jesús perdona todos nuestros pecados y nos da la capacidad de perdonar a quienes pecaron en contra de nosotros. Dios espera que, todo lo que Él nos da, como el perdón y la misericordia, se lo extendamos a otros. Cuando nos ofendemos, debemos traer a nuestra mente, lo antes posible, el hecho de que Dios nos ha perdonado sin reservas y completamente, por lo que debemos perdonar a otros con generosidad y por completo.

> *Dios espera que todo lo que Él nos da, como el perdón y la misericordia, se lo extendamos a otros.*

LOS BENEFICIOS DEL PERDÓN

Marcos 11:22-26 claramente nos enseña que la falta de perdón impide que nuestra fe obre, y en contraste, podemos llegar a la conclusión de que el perdón permite que la fe actúe en favor de nosotros. Nuestro Padre celestial no puede perdonar nuestros pecados si no perdonamos a otros (Mateo 6:14, 15). Sin embargo, una fe que puede obrar no es el único beneficio del perdón; también nos sentimos más felices y mejor físicamente cuando no estamos llenos del veneno de la falta de perdón. Podemos enfermar seriamente a consecuencia del estrés y la presión que originan la amargura, el resentimiento y la falta de perdón.

Además, nuestra relación con Dios fluye libremente cuando estamos dispuestos a perdonar, pero la falta de perdón actúa como un obstáculo inmenso en la comunión con Él. Por otro lado, creo que es difícil amar a las personas si albergamos enojo contra alguien. Cualquier clase de amargura en nuestro corazón se infiltra en todas nuestras actitudes y relaciones, pero perdonar a nuestros enemigos nos libera para continuar con nuestra vida.

Finalmente, el perdón evita que Satanás gane ventaja sobre nosotros (2 Corintios 2:10-11). Efesios 4:26-27 nos dice que no permitamos que el enojo nos dure hasta la puesta de sol y que no le demos cabida al diablo. Recuerda que el enemigo se infiltra por una pequeña entrada antes de ejercer una gran influencia. No ayudes a Satanás a torturarte con rencores. No tardes en perdonar cuando te ofenden.

Una actitud clave para tiempos de desesperación

No puedo dejar de enfatizar la importancia de no ofenderse con facilidad. Satanás trata con desesperación de evitar que progresemos en lo espiritual. Si puede mantenernos enfocados en la persona con quien estamos enojados y en lo que hizo para ofendernos, no podremos enfocarnos en la Palabra de Dios y Su plan para nosotros, y no creceremos espiritualmente.

La mayoría sentimos que vivimos tiempos de desesperación entre personas desesperadas, y debemos tener más cuidado que nunca para evitar que nuestras emociones dirijan nuestra vida. En lugar de ofendernos o enojarnos rápido, debemos seguir el consejo de la Biblia, ser astutos como serpientes y sencillos como palomas (Mateo 10:16). En otras palabras, debemos tener madurez

espiritual, paciencia, amabilidad y gentileza hacia el prójimo, y ser lo suficientemente sabios para no permitir que
nos ofendan. No podemos controlar lo que las personas
nos hacen, pero en Cristo podemos controlar la forma en
que reaccionamos.

Pareciera que el mundo se está volviendo cada vez
más oscuro. Hacia cualquier lado que miremos veremos
personas cuyo enojo los ha llevado a situaciones dramá-
ticas, incluso trágicas. Si queremos ser representantes
de Dios y expresar Su amor en estos tiempos difíciles,
debemos ser diligentes en preservar nuestro corazón de
las ofensas y el enojo. Desarrollar el patrón de pensamiento que evita sentirse fácilmente ofendido será muy
útil para ti y todas las personas que amas.

Piensa, luego actúa

1. ¿En qué áreas es frecuente que caigas en la trampa
del enemigo de sentirte ofendido? ¿Cómo puedes desarrollar el poder del pensamiento sobre esas circunstancias a fin de prepararte para la victoria por anticipado?

---

2. Enumera algunos beneficios que puedes obtener
cuando perdonas. Ahora, piensa en alguien que te haya
ofendido y toma la importante decisión de perdonarlo.

---

3. Responde con tus palabras, ¿por qué es importante convertirse en una persona que no se ofende con facilidad?

_____

_____

Patrón de pensamiento 5

PORQUE ESTOY EN CRISTO, AMO A LAS PERSONAS Y ME ENCANTA AYUDARLAS.

Este mandamiento nuevo les doy: que se amen
los unos a los otros. Así como yo los he amado,
también ustedes deben amarse los unos a los otros.
JUAN 13:34

Si pudiera predicar un solo mensaje, probablemente sería este: aparta tu mente de ti mismo y dedica tu vida a tratar de hacer todo lo que te sea posible por tu prójimo. De principio a fin, la Palabra de Dios nos alienta y desafía a amar a otros. Amarnos los unos a los otros es el "nuevo mandamiento" que Jesús nos enseña en Juan 13:34 y es el ejemplo que Él nos dio durante toda Su vida terrenal y ministerio. Si queremos ser como Jesús, debemos amar a nuestro prójimo con el mismo amor bondadoso, compasivo, generoso e incondicional que Él nos brinda.

Nada ha cambiado más radicalmente mi vida que aprender cómo amar a las personas y tratarlas bien. Si incorporas a tu vida y practicas un solo patrón de pensamiento poderoso de los que hay en este libro, te exhorto a que sea este: "Porque estoy en Cristo, amo a las personas y me encanta ayudarlas".

Amor = acción

El amor real es mucho más que emociones melosas y piel de gallina. Está relacionado con las elecciones que hacemos sobre la forma en que tratamos a las personas. El verdadero amor no es una teoría ni un discurso, es acción. Es una decisión en cuanto a la manera de actuar en nuestras relaciones. El amor real va mucho más allá del discurso o la teoría y satisface necesidades aun cuando satisfacerlas requiera sacrificio. 1 Juan 3:18 nos dice: "Queridos hijos, no amemos de palabra ni de labios para afuera, sino con hechos y de verdad".

> El amor real va mucho más allá del discurso o la teoría y satisface necesidades aun cuando satisfacerlas requiera sacrificio.

Te haré una pregunta: ¿te comprometerías con Dios, sinceramente y de corazón, a hacer cada día al menos una cosa por otra persona? Es probable que parezca simple, pero cumplir con este compromiso implica reflexionarlo y hacerlo con determinación. Incluso es probable que debas ir más allá del grupo de personas que habitualmente te rodean y hacer cosas por gente a la que normalmente no te acercarías, incluso por extraños. Muchas personas nunca se han encontrado con alguien que haga algo bueno por ellas, y anhelan alguna palabra o algún acto de amor.

Cuando el amor sea el tema de tu vida, tendrás una vida que vale la pena. Si realmente deseas perseverar en el hábito de caminar en amor, lo primero es llenar tu mente con pensamientos amables, amorosos, desinteresados y generosos. Recuerda que es imposible cambiar tu conducta a menos que cambies tu mentalidad. Comienza a tener pensamientos amorosos y generosos desde hoy, y comienza a pedirle a Dios que te muestre a quiénes puedes bendecir y qué puedes hacer por ellos; de esa forma pronto tendrás una vida repleta de amor y felicidad.

¿Y YO?

Preocuparnos por otras personas es lo mejor que podemos hacer porque, como seres humanos, somos egoístas y nuestros pensamientos tienden a enfocarse en nosotros mismos. Así lo digamos o no lo digamos, constantemente nos preguntamos: "¿Y yo? ¿Y yo? ¿Y yo?". Esa no es la manera en que Dios quiere que vivamos.

Jesús nos dice con toda claridad qué debemos hacer si queremos seguirlo: "Entonces llamó a la multitud y a sus discípulos. —Si alguien quiere ser mi discípulo —les dijo—, que se niegue a sí mismo, lleve su cruz y me siga" (Marcos 8:34). La "cruz" que debemos cargar es, simplemente, el altruismo.

Muchos nos concentramos en lo que podemos *obtener* en la vida, pero tenemos que concentrarnos en qué podemos *dar*. En lugar de pensar en lo que las demás personas deben hacer por nosotros, pensemos enérgicamente en lo que podemos hacer por otros y luego confiemos en que Dios satisfará nuestras necesidades y cumplirá nuestros deseos.

Observa bien que estoy diciendo que necesitamos pensar *enérgicamente* sobre qué podemos hacer por otros. Gálatas 6:10 nos alienta a que "... *siempre que podamos*, hagamos bien a todos, y especialmente a nuestros hermanos en la fe." (DHH, énfasis de la autora). La frase "siempre que podamos" implica intencionalidad, propósito y deliberación. Dios quiere que pensemos a propósito y que deliberadamente seamos una bendición para otros.

Dios quiere que pensemos a propósito y que deliberadamente seamos una bendición para otros.

Te aliento a que comiences a pensar con determinación en cómo podrías ser de bendición para las personas que te rodean. No es necesario que hagas un gasto económico, aunque en algunos casos podría costarte dinero; no siempre te tomará mucho tiempo y no hace falta que te consuma demasiada energía. Bendecir a las personas puede ser rápido y fácil, pero no va a suceder porque sí. Debes hacerlo intencionalmente. A medida que uses lo que tienes para servir a Dios y a tu prójimo, tus propias necesidades siempre estarán satisfechas.

Conviértete en un proveedor de gracia

Dios pone Su amor en nuestro corazón cuando aceptamos a Jesús como Salvador, pero ese amor debe fluir *a través* de nosotros para ayudar a otras personas. En Génesis 12:2, Dios dijo que bendeciría a Abraham y lo iba a convertir en una persona que dispensaría bendiciones donde fuera. Esta historia me hace pensar en un envase de crema de manos con dosificador. Cuando presiono el dosificador, me abastece de crema. Esa es la manera en que quiero actuar con las bendiciones. Cuando las personas se me acerquen, quiero abastecerlos de cosas buenas, cosas que los beneficien.

Te aliento a usar lo que tienes para satisfacer las necesidades de tu prójimo, y tener lo que yo llamo "prosperidad con un propósito". No ores para ser más próspero a fin de acumular más y más para ti mismo, sino asegúrate de usar buena parte de lo que tienes para bendecir a otros. No estoy hablando solamente de donar dinero en la ofrenda de la iglesia los domingos. Hablo de hacer cosas por quienes te rodean diariamente; las personas con las que trabajas, los miembros de tu familia, los que te caen bien y aquellos que quizás no te agraden tanto, las personas que conoces y los desconocidos, los que crees que se lo merecen y aquellos que piensas que no lo ameritan. Esta manera de vivir es emocionante y te bendecirá al mismo tiempo que bendice a los demás.

Nunca sabrás lo que Dios tiene guardado cuando pone en tu corazón la intención de hacer algo por alguien, aun cuando sientas que no tiene sentido o cuando parezca absurdo o te avergüence. Si Él te pide que hagas o des algo, obedécelo. Te aseguro que Dios siempre sabe lo que hace; entonces, aunque no lo comprendas, sigue adelante y hazle caso.

Te aliento a que cada mañana dediques parte de tu tiempo a pensar qué puedes hacer por tu prójimo ese día. Quédate en la cama antes de levantarte y di en oración: "Señor, ¿a quién puedo bendecir hoy?" Cuando comencé a aprender a bendecir a otros, descubrí que a menudo por la mañana hacía planes para bendecir a alguna persona más tarde durante ese día, pero luego me llenaba de ocupaciones y no lo cumplía. Hacer un inventario nocturno me ayudó mucho porque no quería tener que responder: "Nada, hoy no hice nada para mejorar la vida de otra persona".

Decide usar las bendiciones de tu vida para bendecir a otros a donde quiera que vayas. Puedes hacerlo con algo enorme como suplir una gran necesidad financiera o algo pequeño como el simple hecho de ser amigable. Existen innumerables maneras de ser de bendición si piensas con creatividad y pides a Dios que te ayude. Lo importante es hacerlo.

Decide usar las bendiciones de tu vida para bendecir a otros a donde quiera que vayas.

Una vida maravillosa

Alguna vez creí que ser feliz significaba tener todo lo que quería, pero ahora aprendí que ni siquiera sabemos en qué consiste la felicidad hasta que nos olvidamos de nosotros mismos, comenzamos a enfocarnos en otros y nos convertimos en dadores generosos. Ser generosos implica hacer más que simplemente poner unas monedas en el plato de las ofrendas durante las fiestas o darlo a la iglesia una vez por semana.

En realidad, aprender a dar en la iglesia debería ser una práctica más de cómo vivimos cotidianamente. No quiero tan solo dar ofrendas, quiero *ser* dadora. Quiero ofrecerme a mí misma cada día para ser usada en lo que Dios necesite. Para que ocurra este cambio en mi vida, tuve que cambiar mi mentalidad. Tuve que pensar y decir cientos de veces: "Amo a las personas y me encanta ayudarlas". Este patrón de pensamiento cambiará tu vida si dejas que obre en ti.

> *Quiero ofrecerme a mí misma cada día para ser usada en lo que Dios necesite.*

A medida que te conviertas en un dador generoso, te sorprenderá lo feliz que te sentirás al disfrutar mucho más de la vida. Por el contrario, los tacaños no son felices. Solo hacen lo que tienen que hacer; solo se ocupan de sí mismos, no les gusta compartir y únicamente dan cuando sienten que no tienen opción; aún así, lo hacen a disgusto o de mala gana. Estas actitudes o acciones van en contra de la forma en que Dios quiere que vivamos, porque no resultan en bendiciones para nadie, de hecho, hacen que las personas pierdan la vida (Proverbios 1:19).

Dios mismo es un dador (Efesios 3:20-21). Si queremos ser como Él , debemos caminar la milla extra; hacer siempre más de lo que debemos, siempre dar más de lo suficiente y ser generosos todo el tiempo.

¿ERES GENEROSO?

Deseo terminar este capítulo con algunas preguntas para ayudarte a evaluar tu nivel de generosidad para que, si lo necesitas, puedas crecer en esta virtud.

- ¿Das buenas propinas? Si fueras mozo o moza, ¿te atenderías a ti mismo en función de las propinas que das?
- ¿Qué regalos haces? ¿Regalas lo más barato que puedes conseguir? ¿Compras algo solo para cumplir con una obligación o sinceramente buscas lo que crees que la otra persona disfrutará?
- ¿Alientas y elogias a las personas con libertad?
- ¿Estás dispuesto a compartir lo que tienes?
- ¿Acumulas posesiones o regalas lo que ya no usas?

- Cuando tienes la oportunidad de darle algo a los menos afortunados, ¿das todo lo que puedes o lo menos posible?

Cuando desarrolles el patrón de pensamiento de amar a las personas y disfrutar ayudando, te convertirás en una persona cada vez más generosa que muestra el amor de Dios a otros de todas las formas posibles y experimenta las bendiciones de verdaderamente amar al prójimo.

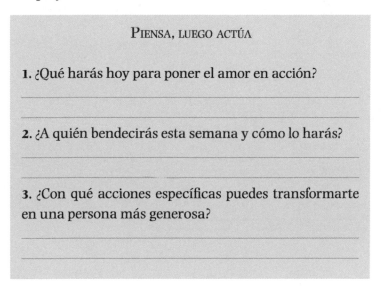

PIENSA, LUEGO ACTÚA

1. ¿Qué harás hoy para poner el amor en acción?

_____

_____

2. ¿A quién bendecirás esta semana y cómo lo harás?

_____

_____

3. ¿Con qué acciones específicas puedes transformarte en una persona más generosa?

_____

_____

Patrón de pensamiento 6

PORQUE ESTOY EN CRISTO, CONFÍO EN DIOS POR COMPLETO Y NO ME PREOCUPO.

Confía en el Señor de todo corazón,
y no en tu propia inteligencia.
PROVERBIOS 3:5

¿Te has dado cuenta de que cuando te preocupas o estás ansioso e intranquilo te sientes absolutamente impotente? Esto se debe a que preocuparse es inútil. Es una pérdida de tiempo y energía porque nunca cambia nuestras circunstancias. En cambio, la preocupación nos cambia a nosotros. Puede volvernos irritables y pesimistas, incluso puede enfermarnos. Un investigador médico hace tiempo me dijo que 87% de las enfermedades están conectadas con patrones de pensamiento erróneos. La preocupación obviamente quedaría incluida dentro de ese grupo, y los pensamientos negativos, en realidad, hacen que el cerebro libere sustancias químicas que nos afectan de manera desfavorable. En su conocido libro *¿Quién me desconectó el cerebro?*, la doctora Caroline Leaf afirma que tenemos treinta y tres mil pensamientos por día, y si llevamos una vida de pensamientos negativos, originamos condiciones favorables para las enfermedades. ¡Nos enfermamos a nosotros mismos!

La preocupación impide que vivamos en fe, nos roba la paz, y no nos ofrece a cambio nada productivo. A pesar de ello, la preocupación atormenta a multitudes de personas, y es probable que a ti también. Enfocarse en las situaciones adversas es parte de la naturaleza humana, pero si no tenemos cuidado, es muy fácil que ese interés se convierta en preocupación o miedo.

Me gusta decir que preocuparse es como sentarse en una mecedora y moverse hacia atrás y hacia adelante; siempre estamos en movimiento y nos mantenemos ocupados, pero nunca llegamos a ningún lado. En realidad, si lo hacemos por mucho tiempo, ¡terminamos agotados! Cuando nos preocupamos, en realidad estamos diciendo: "Si me esfuerzo lo suficiente, podré encontrar una solución para mi problema", y eso es lo opuesto a confiar en Dios.

La causa de la preocupación es simple: la imposibilidad de confiar en que Dios se hará cargo de las circunstancias de nuestra vida. La mayoría hemos pasado años tratando de cuidar de nosotros mismos. Aprender a confiar en Dios en cada situación lleva tiempo y aprendemos con la práctica. Debemos caminar en fe; a medida que lo hacemos, experimentamos la fidelidad de Dios, y esto hace que sea más fácil confiar en Él la siguiente vez. Confiamos en nuestras habilidades con demasiada frecuencia, creyendo que podemos descubrir cómo resolver nuestros problemas. Sin embargo, la mayor parte del tiempo, después de toda la preocupación y el esfuerzo para hacerlo solos, nos damos cuenta de que no podemos lograr resultados convenientes. Dios, por otro lado, siempre tiene soluciones para las cosas que nos preocupan.

Confiar en Dios nos permite entrar en su descanso; un lugar de paz para nuestra alma donde podemos disfrutar de la vida mientras esperamos que Él resuelva nuestros problemas. Dios se ocupa de lo que nos preocupa; Él solucionará nuestras dificultades y brindará satisfacción a nuestras necesidades, pero debemos dejar de pensar en ellas y dejar de preocuparnos. Me doy cuenta de que es más fácil decirlo que hacerlo, pero no existe mejor momento que el presente para comenzar a aprender a vivir de otro modo: sin preocupación, sin ansiedad y sin miedo. Ahora es tiempo de empezar a pensar y decir: "¡Porque estoy en Cristo confío en Dios por completo y no necesito preocuparme!" Mientras más desarrolles este patrón de pensamiento victorioso, más a menudo descubrirás que estás eligiendo la confianza en lugar de la preocupación.

> *Confiar en Dios nos permite entrar en su descanso: un lugar de paz para nuestra alma donde podemos disfrutar de la vida*

Es una cuestión de enfoque

Aquello en lo que nos enfocamos crece y crece en nuestra mente, y es posible que algunas cosas parezcan más grandes de lo que realmente son. Cuando nos preocupamos, nos enfocamos en nuestros problemas; meditamos en ellos mientras dejamos que den vueltas y vueltas en nuestra mente. Cuando estamos ansiosos por ciertas situaciones, también hablamos continuamente sobre ellas porque lo que abunda en nuestro corazón es lo que sale de nuestra boca (Mateo 12:34). Mientras más hablamos y hablamos de nuestros problemas, más grandes se vuelven en nuestra mente. Una situación relativamente pequeña puede convertirse en una cuestión enorme simplemente porque nos hemos enfocado demasiado en ella. En lugar de meditar en el problema, podemos meditar en la fidelidad de Dios y recordarnos a nosotros mismos que no hay necesidad de preocuparse.

Ahora es un buen momento para que recuerdes que puedes elegir tus pensamientos. He escuchado que muchas personas dicen: "No puedo evitarlo, es mi naturaleza". La verdad es que ellos han elegido preocuparse porque no saben cómo confiar en Dios. Nos volvemos buenos en preocuparnos porque lo practicamos; entonces, de la misma manera podemos volvernos buenos en confiar en Dios a partir del ejercicio constante. Nuestra primera respuesta en cualquier situación debería ser confiar en Dios, no preocuparnos.

El enemigo no quiere que crezcamos en nuestra fe; él desea que estemos llenos de preocupación, ansiedad y miedo. Trabaja mucho para distraernos del propósito de Dios provocando que nos enfoquemos demasiado en nuestras circunstancias. Deberíamos desarrollar el hábito de permitir que nuestra corazonada de fe se vuelva más real que lo que vemos, pensamos o sentimos. Por ejemplo, mi corazón sabe que puedo confiar en Dios por completo, pero mi mente a menudo me dice que me preocupe. He tenido que aprender a desactivar la preocupación de mi mente con la confianza de mi corazón.

> *Deberíamos desarrollar el hábito de permitir que nuestra corazonada de fe se vuelva más real que lo que vemos, pensamos o sentimos.*

Si Satanás puede hacernos pensar en lo que está mal o en lo que podría salir mal en determinada situación, entonces logrará evitar que nos concentremos en confiar en Dios. Por eso Hebreos 12:2 nos ordena que dejemos de mirar todo lo que nos distrae y fijemos la mirada en Jesús. Si vemos a Dios, pensamos en Él y hablamos de Su bondad, nos concentramos en la fe y conforme lo hacemos, dicha fe crece. Mientras más caminamos en la confianza en Dios, más experimentamos Su fidelidad, lo que nos anima a tener más fe. A medida que crece y crece nuestra fe, los problemas reducen su poder sobre nosotros y nos preocupamos menos.

Podemos elegir pensar sobre lo que Dios puede hacer en lugar de pensar en lo que nosotros no podemos hacer. Si pensamos continuamente sobre la dificultad de nuestras situaciones, es probable que terminemos desesperados y sintiéndonos incapaces de encontrar la salida. Si nos sentimos atrapados, es muy fácil entrar en pánico y comenzar a tener un comportamiento irracional, lo cual empeora el asunto. Dios siempre nos da una salida para nuestros problemas (1 Corintios 10:13). Aunque no puedas verla en este momento, esa salida existe y Dios la revelará si confías en Él.

TÓMATE UN DESCANSO

Jesús vivió en perfecta paz. Nunca se preocupó por nada y tampoco quiere que nosotros nos preocupemos. Él nos dice:

> Vengan a mí todos ustedes que están cansados y agobiados, y yo les daré descanso. Carguen con mi yugo y aprendan de mí, pues yo soy apacible y humilde de corazón, y encontrarán descanso para su alma. Porque mi yugo es suave y mi carga es liviana
> Mateo 11:28-30

Encontrar descanso, llevar un yugo y una carga que "son ligeros" suena bien, ¿verdad? Seguramente has tenido suficientes cargas "pesadas de llevar" en tu vida.

También me ha sucedido y quiero ser libre. En realidad, es bastante reconfortante darme cuenta de que no necesito saber todo sobre todas las cosas, lo que también es cierto para ti. Debemos sentirnos tranquilos al decir: "No sé cuál es la respuesta para este dilema y no voy a preocuparme por nada, porque Dios tiene el control y yo confío en Él. Voy a descansar en Él y vivir más ligero de cargas. Cuando nos agobia el peso de la vida, las dificultades, el trabajo y las preocupaciones, necesitamos vacaciones mentales y emocionales. Nuestra mente necesita descansar de tantos problemas y nuestras emociones necesitan descansar de tanta conmoción. La preocupación nos roba el descanso y los beneficios del descanso. Entonces, la próxima vez que sientas que estás llevando una carga pesada en tu mente o te des cuenta de que estás preocupado y ansioso, recuerda que puedes llevar una carga ligera. Lo único que debes hacer es descansar en Dios.

Libérate del peso de la preocupación

Una cosa es saber que no debemos preocuparnos, pero otra muy diferente es dejar de hacerlo en la práctica. Algo que aprendí y me ayudó a dejar de preocuparme fue darme cuenta de lo inútil que es. Te haré unas preguntas:

- ¿Cuántos problemas resolviste preocupándote?
- ¿Cuánto tiempo has perdido preocupándote por cosas que nunca sucedieron?

- ¿Alguna cosa mejoró en algo como resultado de tu preocupación? ¡Por supuesto que no!

La Biblia está repleta de consejos sólidos y efectivos para lidiar con la preocupación. Por ejemplo, en el Antiguo Testamento, el profeta Jeremías escribe: "Bendito el hombre que confía en el Señor y pone su confianza en Él. Será como un árbol plantado junto al agua [...]. En época de sequía no se angustia, y nunca deja de dar fruto" (Jeremías 17:7-8). En el Nuevo Testamento, el apóstol Pablo nos enseña a no inquietarnos por nada, sino presentar nuestras peticiones a Dios y darle gracias (Filipenses 4:6). Luego nos alienta diciéndonos que la paz de Dios cuidará nuestro corazón y nuestros pensamientos (Filipenses 4:7).

En el momento en que empieces a preocuparte o sentir ansiedad, entrégale a Dios tu problema en oración. Libérate de la carga y confía por completo en Él para que te muestre qué debes hacer o para que Él mismo se ocupe de tu situación. La oración es una fuerza poderosa contra la preocupación. Cuando estás bajo presión, siempre es mejor orar por esa situación que inquietarte o hablar demasiado sobre el tema.

La oración es una fuerza poderosa contra la preocupación.

La oración es el punto de partida de una vida exitosa. Durante su tiempo en la Tierra, Jesús oraba. Le confiaba todo a Dios, incluso su reputación y su vida. Nosotros podemos hacer lo mismo. No compliques tu comunicación con Dios; tan solo confía y háblale con una oración simple y con fe.

Dejar de preocuparte y entregarle tus preocupaciones a Dios por completo terminará por formar un nuevo patrón de pensamiento que te permitirá confiar en Él espontánea y naturalmente. Tendrás el hábito de buscar lo bueno y magnificarlo. A medida que aprendas a orar por todo y no preocuparte por nada, te darás cuenta de que empiezas a disfrutar más y más de la vida.

Piensa, luego actúa

1. ¿Cuáles son las cosas que más te preocupan? ¿Cómo puedes entregarle tus preocupaciones y tus problemas a Dios?

---

2. ¿Necesitas descanso mental y emocional? ¿Cómo puedes tranquilizar tu mente hoy?

---

3. ¿En qué versículos o pasajes específicos de la Palabra de Dios meditarás para que te ayuden a dejar de preocuparte? Mateo 11:28-30, Filipenses 4:6-7, y Jeremías 17:7-8 son buenas opciones.

_____

_____

Patrón de pensamiento 7

Porque estoy en Cristo, me siento satisfecho y emocionalmente estable.

> *Gran ganancia es la piedad acompañada*
> *de contentamiento.*
> 1 Timoteo 6:6

Una de las cosas más importantes que Dios ha hecho en mi vida es ayudarme a lograr estabilidad emocional y sentirme siempre conforme. Esto significa estar constantemente satisfecha con la persona que soy como creación de Dios y con lo que Él ha elegido darme. Ha sido un largo viaje y debo admitir que nada fácil, pero es peor la tortura de permitir que fuerzas externas controlen mis emociones. Miro hacia atrás y me doy cuenta de cuánto tiempo y energía malgasté durante años disgustándome por cosas sobre las que no tenía control.

Jesús es nuestro ejemplo en todos los aspectos de la vida, y podemos aprender de su estabilidad emocional. La Biblia en realidad se refiere a Él como "la Roca", por lo que es posible depender de Él para ser fuertes, firmes y estables, es decir, inmutables todo el tiempo. Podemos contar con que Él será el mismo ayer, hoy y mañana (Hebreos 13:8). Su humor no es uno hoy y otro al día siguiente.

Siempre es confiable, leal, maduro y fiel a Su Palabra. Poder depender de la estabilidad y coherencia de Jesús es parte de lo hermoso que es tener una relación con Él.

La estabilidad y el contentamiento nos permiten disfrutar la vida. Nadie quiere esos momentos o días cuando nuestras emociones se derrumban, sentimos autocompasión y nuestra mente está inundada de pensamientos negativos. No podemos disfrutar de nosotros ni de la compañía de otros en esos momentos, y los demás tampoco disfrutan de nuestra compañía. Además, tener una relación cercana con alguien inconforme que siempre está de mal humor no es confiable ni agradable, al contrario, es extremadamente difícil. Podemos pasar todo el tiempo intentando hacerla feliz en lugar de sentirnos libres para disfrutar nuestra vida, a menos que nos demos cuenta de que no la estamos ayudando al hacernos cargo de su humor.

> *Lograr la estabilidad emocional y aprender a sentirse satisfecho son elementos importantes para una vida poderosa.*

He descubierto que me gusto más cuando estoy estable y permanentemente satisfecha, y creo que te sucede lo mismo. Lograr la estabilidad emocional y aprender a sentirse satisfecho son elementos importantes para una vida poderosa. Cuando crezcas en esas cualidades, descubrirás que te fortalecerás más que nunca.

LAS EMOCIONES DEBEN CONTROLARSE

Todos sentimos emociones y siempre será así porque son parte de ser humano, por lo que la estabilidad emocional debería ser uno de los principales objetivos de todo creyente. Deberíamos recurrir a Dios para que nos enseñe a controlar nuestras emociones y no permitir que los sentimientos de felicidad, tristeza, enojo, miedo, amor, etc, nos controlen.

He visto que se define a las personas emocionales de diversas maneras. Algunos dicen que "las emociones los afectan o conmueven fácilmente", otros afirman que son individuos que "manifiestan sus emociones", o que "tienden a confiar en las emociones o darles demasiada importancia"; también hay quienes aseguran que son aquellos "cuya conducta está definida por las emociones más que por la razón". No podría estar más de acuerdo con estas definiciones y deseo añadir algunas observaciones personales con relación a las personas que no tienen estabilidad emocional:

- Una persona que vive por las emociones vive sin principios.
- No podemos ser espirituales (caminar en el Espíritu) y al mismo tiempo dejar que nos dirijan las emociones.
- Las emociones no desaparecen, pero puedes aprender a controlarlas.

- Todos tenemos emociones, pero no siempre podemos confiar en ellas.

Te exhorto a que conviertas la madurez espiritual en una prioridad en tu vida. Si crees que no estás haciendo un buen trabajo con el control de tus emociones, comienza a orar y pedirle a Dios que te ayude a crecer y madurar en ellas. También te aliento a que identifiques qué situaciones te molestan más, qué circunstancias provocan tu comportamiento emocional y estés atento a esas tentaciones.

Para ayudarte a comenzar, voy a mencionarte algunos versículos bíblicos sobre la estabilidad:

- Tanto Jeremías 17:8 como Salmos 1:3 nos instruyen a ser como árboles firmemente arraigados.
- En 1 Pedro 5:8-9 se nos enseña a ser equilibrados y templados (con dominio propio) para evitar que Satanás nos devore. Según estos versículos, si queremos resistirlo, debemos permanecer arraigados, estables, fuertes, inamovibles y determinados.
- Filipenses 1:28 nos dice que no tengamos temor cuando Satanás arremete en contra de nosotros.
- Salmos 94:13 nos asegura que Dios nos da el poder de permanecer tranquilos durante la adversidad.

Te motivo a que medites en estos versículos y dejes que se arraiguen en tu mente.

Baja de la montaña rusa

Creo que algunos de nuestros mayores desafíos se relacionan con los altibajos emocionales o son resultado de ellos. En lugar de sentir constantemente que estamos en una montaña rusa emocional, que solo nos agota, necesitamos convertirnos en personas firmes, inalterables, perseverantes y decididas. Renovar nuestra mente para creer que somos estables y estamos satisfechos nos ayudará a comenzar.

Quienes permiten que sus emociones los regulen, nunca se convertirán en las personas que estaban destinadas a ser. De nada sirve solo desear no ser tan emocional. Ninguno de nosotros logrará deshacerse por completo de las emociones y no es necesario que las eliminemos de nuestra vida, simplemente debemos aprender a manejarlas y controlarlas; no permitir que tengan poder sobre nosotros. No todas las emociones son malas; algunas son agradables, pero son algo volubles.

y no es necesario que las eliminemos de nuestra vida, simplemente debemos aprender a manejarlas y controlarlas

Los sentimientos cambian de un día para otro, de una hora para otra, y a veces, incluso de un momento a otro. Y no solamente cambian, sino que también mienten. Por ejemplo, supongamos que te encuentras entre muchas personas y *sientes* que todos hablan de ti; eso no significa que lo estén haciendo. Podrías *sentir* que nadie te comprende, y eso no significa que así sea. Quizá *sientes* que no eres agradable ni apreciado o hasta sientes que te maltratan, pero eso no significa que sea cierto. Si deseas ser una persona madura, disciplinada y equilibrada, debes decidirte a no caminar de acuerdo con lo que sientes.

Creo que existen dos maneras de lograr satisfacción y estabilidad emocional. Ambas son bíblicas: tener paciencia y dominio propio.

Paciencia

Dios quiere que usemos la sabiduría, y la sabiduría estimula la paciencia. Ella nos dice: "Espera hasta que tus emociones se aquieten antes de decir o hacer algo. Luego evalúa si lo que harás es la forma correcta de proceder". Las emociones nos empujan a tomar decisiones rápidas o hacer cosas apuradas, mientras que la paciencia te exhorta a esperar hasta comprender claramente la situación y encontrar la manera más sabia de afrontarla. Parte de la madurez consiste en calmarse, alejarse de una situación y verla desde la perspectiva de Dios. Luego podemos definir nuestro rumbo en función de lo que *sabemos* y no de lo que *sentimos*.

La paciencia también es parte de sentirse satisfecho. Es parte del carácter de personas dispuestas a esperar por las cosas en lugar de demandarlas de inmediato, simplemente porque las desean.

Dominio propio

Encontrarás un capítulo dedicado a la disciplina y el dominio propio más adelante en este libro, entonces aquí solo voy a hacer un breve comentario. El regalo de Dios del libre albedrío significa que podemos elegir lo que haremos y lo que no haremos. Si permitimos que nuestra vieja naturaleza pecaminosa nos dirija, seguiremos nuestras emociones. Pero si dejamos que nos guíe la nueva naturaleza que Dios nos dio al volver a nacer, podremos demostrar dominio propio, que es fruto del Espíritu Santo (Gálatas 5:22-23). Como creyentes, tenemos dominio propio que podemos desarrollar y fortalecer a usarlo.

> *Ejercitar el dominio propio es una forma de libertad, no un tipo de atadura*

Ejercitar el dominio propio es una forma de libertad, no un tipo de atadura. Evitará que te conviertas en esclavo de tus emociones y te liberará para lo que sabes que es sabio hacer. Te ayudará a ser lo que dices que quieres ser; hará que te sientas mejor contigo mismo y aumentará tu autoestima. Cuando no dejas que tus emociones te controlen, notarás que hasta tienes más energía.

El dominio propio también te ayudará a decidir con sabiduría. Cuando debas tomar una decisión, practica el dominio propio y espera hasta que tengas una respuesta clara antes de hacer algo de lo que podrías arrepentirte. Recuerda dejar que te guíe la paz, no la conmoción. Las emociones pueden ser maravillosas cuando se las maneja y controla con devoción, pero no debemos dejar que prevalezcan sobre la sabiduría y el dominio propio.

Busca tu manera de lograr la estabilidad

Puedes procurar tu estabilidad emocional y tu satisfacción permanente. Deja de reflexionar sobre cosas negativas o alarmantes, deja de disgustarte para luego pensar que eres inestable, hablar de que te sientes insatisfecho y repetir ese círculo. En cambio, comienza a pensar y decir: "Tengo estabilidad emocional y estoy siempre satisfecho. No importa lo que suceda con mis circunstancias, puedo permanecer en calma y amor mientras confío en que Dios se hará cargo."

No importa lo que suceda con mis circunstancias, puedo permanecer en calma y amor mientras confío en que Dios se hará cargo

¿Cómo te ves a ti mismo? ¿Qué quieres ser? ¿A dónde quieres llegar en tu crecimiento espiritual para esta misma época el año siguiente? Toma algunas decisiones y comienza a ordenar tu vida en lugar de dejar que las circunstancias te ordenen a ti. Ponte de acuerdo con Dios y Su Palabra. Piensa como Él piensa y habla como Él habla. ¿Te llevará tiempo? Sí, definitivamente no sucederá de la noche a la mañana, hasta podrías tardar meses o años. ¿Será fácil? Probablemente no, pero valdrá la pena. ¿Retrocederás en tu compromiso de pensar y decir cosas positivas? Es muy probable, pero cuando caigas, lo único que debes hacer es levantarte para intentarlo de nuevo.

Sigue pensando en lo maravilloso que será bajarte de la montaña rusa de las emociones que te dan alegría un día y de pronto te roban el gozo el día siguiente. Un instante arriba, luego abajo... arriba y abajo... ¡arriba y abajo! Esta no es la manera en que Dios quiere que vivamos. No refleja la vida que Su Hijo te dio con Su muerte. Ahora, toma las medidas necesarias para abrazar y disfrutar la vida que Él tiene para ti, y esa vida incluye estar satisfecho y tener estabilidad emocional.

PIENSA, LUEGO ACTÚA

1. En una escala del 1 al 10, ¿cómo calificarías tu estabilidad emocional y tu nivel de satisfacción? ¿Cómo puedes mejorar?

2. ¿En qué área necesitas practicar la paciencia y ejercitar el dominio propio en este momento? ¿Qué medidas tomarás en esa área?

_____

_____

3. ¿De qué maneras quieres crecer en la estabilidad emocional? Por ejemplo, ¿quieres convertirte en alguien más paciente, más pacífico, más satisfecho o más seguro?

_____

_____

Patrón de pensamiento 8

PORQUE ESTOY EN CRISTO, SÉ QUE DIOS SUPLE
TODAS MIS NECESIDADES ABUNDANTEMENTE.

Amado, yo deseo que tú seas prosperado
en todas las cosas y que tengas salud,
así como prospera tu alma.
3 JUAN 1:2 (RVR1995)

Es muy importante desarrollar lo que yo llamo una mentalidad de abundancia: creer que Dios siempre nos proveerá de lo que necesitamos en cada situación. Esta es la promesa de Dios en toda Su Palabra, y es parte de Su naturaleza proveer a Sus hijos. En realidad, en el Antiguo Testamento, uno de los nombres hebreos de Dios es "Jehová Jireh", que significa "el Señor es mi proveedor". Tú y yo somos hijos de Dios. Él es nuestro Padre y se deleita en proveernos, así como los padres terrenales se deleitan en ayudar a sus hijos.

Dave y yo tenemos cuatro hijos. Nos aman y los amamos; y por eso compartimos todo lo que podemos con ellos. No podríamos siquiera imaginar dejarlos pasar necesidad mientras nosotros disfrutamos abundancia, y Dios es, sin duda, mucho mejor padre que nosotros.

Dios es dueño de todo y puede hacer cualquier cosa. Salmos 24:1 dice: "Del Señor es la tierra y todo cuanto hay en ella, el mundo y cuantos lo habitan" y en Salmos 50:10-12, Él mismo nos dice:

> Pues míos son los animales del bosque, y mío también el ganado de los cerros. Conozco a las aves de las alturas: todas las bestias del campo son mías. Si yo tuviera hambre, no te lo diría, pues mío es el mundo, y todo lo que contiene.

Evidentemente, todos los recursos del cielo y la tierra están a disposición de Dios; no hay nada que necesitemos que Él no pueda darnos. Nos ama y quiere cuidarnos. Si lo amamos y hacemos lo mejor que podemos para ir mejorando en obedecer Sus normas, Él se asegurará de suplir nuestras necesidades. En realidad, no existe nadie más con quien Él desee compartir bendiciones que con Sus hijos.

No es solo cuestión de dinero

Pablo prometió a los creyentes que participaban de su ministerio que Dios les proveería de todo lo que necesitaran conforme a las gloriosas riquezas que tiene en Cristo Jesús (Filipenses 4:19). No les prometió que Dios les daría todo lo que quisieran, pero sí les aseguró que supliría cada necesidad.

Muchas veces pensamos en términos de las necesidades básicas de la vida: alimento, vivienda, vestimenta y finanzas para adquirir todo eso. Dichas cosas representan necesidades físicas, pero creo que Dios nos creó para necesitar otras cosas que van más allá de las cuestiones esenciales. Tenemos necesidades variadas. No necesitamos tan solo dinero, sustento, un techo sobre la cabeza y ropa para usar. También nos hace falta sabiduría, fuerza, salud, amigos y gente para amar; necesitamos dones, talentos y habilidades para ayudarnos a lograr lo que fuimos llamados a hacer en la vida. Necesitamos muchas cosas y Dios está dispuesto a suplir todas nuestras necesidades si lo obedecemos y confiamos en Él. Debemos creer que desea proveernos, así que desarrollamos una mentalidad con expectativas en esa área.

> *Necesitamos muchas cosas y Dios está dispuesto a suplir todas nuestras necesidades si lo obedecemos y confiamos en Él.*

Las personas a las que les escribió Pablo lo habían ayudado financieramente (Filipenses 4:15). Ellos obedecieron la ley de sembrar y cosechar (Gálatas 6:7). No podemos esperar cosechar donde no hemos sembrado, pero cuando sembramos buenas semillas, debemos, de hecho, esperar buenos resultados. Esto aplica en todas las áreas de nuestra vida: la salud, las finanzas, las habilidades, las relaciones y todo lo demás que forme parte de nuestro bienestar.

Si sembramos buenas semillas de respeto por nuestro cuerpo físico, alimentándolo con comida nutritiva, bebiendo mucha agua, brindándole descanso abundante y eliminando el estrés, podremos esperar una cosecha de buena salud. Si sembramos misericordia, cosecharemos misericordia; pero si sembramos juicio, cosecharemos juicio. Si perdonamos, seremos perdonados. Si somos amigables, tendremos amigos. Si somos generosos, a cambio recibiremos generosidad. La ley de la siembra y la cosecha es una de las más simples de entender y que genera un gran poder en nuestra vida. Simplemente piensa lo siguiente: si necesitas amigos, ¡lo único que tienes que hacer es ser amigable!

¿QUÉ ES LA PROSPERIDAD?

Una persona no es verdaderamente próspera si lo único que tiene es una gran cantidad de dinero. La verdadera prosperidad implica mucho más que eso. El apóstol Juan escribe: "Amado, yo deseo que tú seas prosperado en todas las cosas y que tengas salud, así como prospera tu alma" (3 Juan 2 RVR1995). Obviamente, Juan tenía un enfoque global de la prosperidad, tal como nosotros debemos tenerlo. Este versículo ni siquiera menciona el dinero, sino que se enfoca en el cuerpo y el alma. Cuando nuestro cuerpo prospera, somos fuertes y tenemos salud física. Aun si en este momento padecemos alguna enfermedad física, podemos orar y esperar la sanidad, pero debemos sembrar la buena semilla cuidándonos y no abusando de nuestro cuerpo.

Cuando nuestra alma prospera, florece nuestro interior. Estamos en paz, estamos llenos de gozo, nos sentimos satisfechos, vivimos conscientes de nuestro destino y propósito, crecemos espiritualmente, tenemos relaciones sólidas y amorosas.

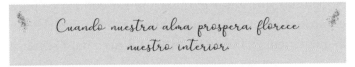

Cuando nuestra alma prospera, florece nuestro interior.

Nuestro Padre es un Dios de abundancia y desea que disfrutemos de una vida abundante. Jesús dijo que Él vino para que podamos tener vida y disfrutarla plenamente en abundancia (Juan 10:10).

¿Está mal desear tener dinero?

Querer tener dinero no está mal. El dinero no es malo, pero el *amor* al dinero es la raíz de toda clase de males (1 Timoteo 6:10). En realidad, necesitamos dinero para muchas cosas. Casi en todos los lugares a donde voy, el dinero se intercambia por bienes o servicios. El dinero no solo satisface nuestras necesidades, sino que también puede usarse para bendecir a otros y satisfacer sus necesidades.

No es la voluntad de Dios que haya personas malvadas que tengan todo el dinero del mundo mientras Sus hijos pasan necesidades constantemente. Creo que debemos respetar al dinero y no malgastarlo nunca, y debemos ser buenos mayordomos de todo lo que Dios nos da. Los proverbios repiten que debemos ser prudentes, eso significa ser buenos administradores.

Dios también espera que invirtamos con sabiduría, y si lo hacemos, nos recompensa (Mateo 25:14-28). Nunca hay que amar el dinero ni ser codiciosos para ganarlo, sino que debemos hacer lo mejor posible con lo que tenemos. Debemos usar el dinero para servir a Dios y al prójimo, nunca tratar de usar a Dios ni a nadie para obtener riqueza. El dinero es necesario, aunque solo es un pequeño porcentaje de la prosperidad, y pedirle a Dios que nos lo provea en abundancia no está mal.

BASTA DE UNA MENTALIDAD DE NECESIDAD

Muchas personas no disfrutan de la abundancia que Dios tiene para ellos porque tienen una mentalidad de "pobreza". Permanentemente temen no tener suficientes recursos para sus necesidades. Sienten que necesitan más amigos, más amor, más ayuda y más energía. Las personas con esta mentalidad de "necesito, necesito, necesito" se sienten pobres en lo espiritual, lo mental, lo físico, lo financiero y lo social.

A veces quienes están repletos de sentimientos de necesidad realmente han estado necesitados en algún momento de su vida. Estas experiencias hacen que le teman a la escasez o la pérdida; ese temor los lleva a pensar que nunca tendrán suficiente, en consecuencia, su vida es estrecha y mezquina. Si te ha sucedido esto, te animo a que comiences a pensar que no eres un necesitado, sino un hijo de Dios, alguien que ama y a quien se siente feliz de proveer. Siembra la buena semilla ayudando a otros que tienen necesidad, y di cosas que construyan en tu interior la imagen de una persona cuyas necesidades son satisfechas en lugar de la imagen de alguien que siempre está necesitado. Piensa y repite:

> Siembra la buena semilla ayudando a otros que tienen necesidad

- Dios me provee todo lo que necesito conforme a Sus gloriosas riquezas en Cristo Jesús (Filipenses 4:19).
- Dios me bendice y me convierte en una bendición para otros (Génesis 12:2).
- Si doy, recibo medida llena, apretada, sacudida y desbordante (Lucas 6:38).
- Dios constantemente me provee de todo en abundancia para que lo disfrute (1 Timoteo 6:17).
- Sirvo a Dios y Él se deleita en mi prosperidad (Salmos 35:27).

Recibimos de Dios conforme a nuestra fe, y por eso es fundamental que desarrollemos un patrón de pensamiento correcto en cuanto a la provisión divina. Nunca debemos conformarnos con la escasez en nuestra vida, sino que debemos esperar abundancia de acuerdo con la Palabra de Dios.

EQUÍPATE PARA SATISFACER NECESIDADES

Como mencioné antes, Dios quiere que estemos equipados para ayudar a las personas con necesidad. No podemos hacerlo si experimentamos escasez. Cuando no tenemos suficiente para satisfacer nuestras necesidades y las de nuestra familia o las de aquellos que dependen de nosotros, ayudar a las personas que pasan necesidad es muy difícil. Esta es una razón por la que Dios promete proveernos y hacerlo en abundancia.

Para ayudar a otros, necesitamos fortaleza, buena salud y claridad mental. Necesitamos dinero para ayudar a quienes tienen dificultades financieras. Necesitamos vestimenta para compartir con quienes no tienen. En 2 Corintios 9:8, Pablo nos enseña que Dios nos bendice abundantemente y por eso no tendremos necesidad. Los siguientes versículos dicen que Dios le da semillas a una persona que desea sembrar, y esto significa dar a otros (2 Corintios 9:9-10). En otras palabras, si estás dispuesto a compartir y satisfacer necesidades, Dios no solo proveerá para ti, sino que también te suplirá en abundancia para que siempre puedas dar.

Deseo terminar este capítulo con un pasaje de la Escritura que comunica con claridad y poder lo que Dios quiere hacer por ti. Te aliento a que lo veas como un mensaje personal de Dios para tu vida. Deja que impregne tu corazón y cambie tu mentalidad. A medida que desarrolles un patrón de pensamiento fundamentado en este versículo, descubrirás que recibes más bendiciones de las que alguna vez pensaste que fuera posible.

> Pero el Señor los espera para tener compasión de ustedes; él está ansioso por mostrarles su amor, porque el Señor es un Dios de justicia. ¡Dichosos todos los que esperan en él!
>
> Isaías 30:18 (NTV)

Piensa, luego actúa

1. ¿Crees que Dios te ama y desea proveerte? ¿Cómo lo hizo en el pasado?

_____

_____

2. ¿Tienes una actitud saludable y equilibrada con relación a la prosperidad? ¿Cómo puedes mejorar tu manera de pensar sobre la prosperidad y la provisión de Dios?

_____

_____

3. ¿Padecer necesidad en algún momento de tu vida desarrolló en ti el temor a nunca tener lo suficiente? ¿Cómo puedes liberarte de esa creencia?

_____

_____

PORQUE ESTOY EN CRISTO, BUSCO LA PAZ CON DIOS, CONMIGO Y CON OTROS.

Que busque la paz y la siga.
SALMOS 34:14

He llegado al punto donde no creo que valga la pena vivir sin paz, y eso me lleva a buscarla en todas las áreas. Pasé muchos años frustrada y luchando en mis relaciones con Dios, conmigo y con los demás. Me niego a vivir de esa manera en este momento. La Traducción en Lenguaje Actual del salmo 34:14 dice "Procuren vivir siempre en paz" y puedo asegurar con toda honradez que lo hago. Hoy valoro la paz más que nunca y hago todo lo que puedo para lograrla en cada área de mi vida.

El salmo 34:14 dice que debemos *buscar* la paz, y buscar significa ir activamente detrás de algo. Las personas pueden perseguir todo tipo de cosas, pero creo que una de las búsquedas más provechosas para cualquiera es procurar la paz intencionalmente y hacer todo lo que sea necesario para tener paz con Dios, consigo mismo y con el prójimo.

Paz con Dios

La paz con Dios comienza cuando reconocemos que somos pecadores y necesitamos un salvador. Simplemente necesitamos pedirle que perdone nuestros pecados y creer que, al morir, Jesús cargó el castigo que merecíamos. Luego lo recibimos en nuestro corazón y aceptamos el regalo del perdón que Él nos da gratuitamente. Una vez que lo hemos recibido como Señor y Salvador, comenzamos el camino de vivir como Dios nos pide al apartarnos de los estilos de vida pecaminosos.

Para mantener la paz con Dios nunca debemos intentar esconder el pecado. Siempre debemos tener una conciencia clara ante Dios, mantener una comunicación abierta y honesta con Él. Cuando cometemos errores, nunca se los escondamos, sino que acerquémonos a Él porque es el único que puede restaurarnos. *Arrepentirse* significa cambiar nuestra mente, alejarnos del pecado y volver al lugar alto. A Dios no le sorprenden nuestras debilidades y fallas. En realidad, Él sabía qué errores cometeríamos antes de que lo hiciéramos. Lo único que debemos hacer es admitir esas fallas y Él es fiel para perdonarnos constantemente de todo pecado (1 Juan 1:9).

A Dios no le sorprenden nuestras debilidades y fallas.

Para estar en paz con Dios debemos tratar de obedecerlo con lo mejor de nuestras capacidades. No llegaremos a la perfección mientras estemos en estos cuerpos terrenales, pero podemos tener corazones perfectos hacia Dios y tratar de hacer lo mejor cada día para agradarle. Me gusta decir: "Haz lo mejor, el resto lo hará el Señor".

Paz contigo mismo

Si no tienes una relación sana contigo mismo, la lucha para tener relaciones sanas con Dios y con tu prójimo será difícil. Muchas veces, sin embargo, las personas se enfocan más en sus relaciones externas que en su relación interior (con ellos mismos), porque ni siquiera se han dado cuenta de que existe una relación con uno mismo.

Una de las mejores maneras de evaluar tu relación contigo mismo es prestar atención a la manera en que piensas sobre ti y a lo que dices de tu persona. Si constantemente piensas sobre tus fallas y descubres que te preguntas una y otra vez: "¿qué es lo que está mal conmigo?", es probable que tu relación interior no sea muy saludable. De la misma manera, si escuchas que hablas mucho sobre tus debilidades o te menosprecias, esas palabras indican que tu relación contigo mismo debe mejorar.

Permíteme decirte que todos tienen debilidades y está bien. Tener áreas de debilidad es parte de ser humano, y nuestras debilidades le dan a Dios la oportunidad de mostrar Su poder a través de nosotros y en nuestra vida. Dios nos acepta y ayuda en nuestras debilidades. Entonces, aunque es sabio estar conscientes de que las tenemos, es insensato enfocarnos en ellas excesivamente porque cuando pensamos demasiado en lo que no podemos hacer, nos estamos preparando para la derrota.

Cuando somos negativos sobre nosotros mismos, aunque sea en la privacidad de nuestros pensamientos, la falta de paz interior tenderá a mostrarse en el exterior. Si no nos gusta nuestra persona, es probable que nada nos guste demasiado y que encontremos motivos para no entablar relaciones. Sin embargo, si podemos relajarnos sobre nosotros, aceptar que no somos perfectos, darnos cuenta de que somos obras inconclusas y que Dios nos ayuda día a día, entonces podremos relajarnos en la vida en general.

Dios te creó. Él tiene un gran plan para tu vida, un plan que *solo* tú puedes cumplir. Él te hizo especial y único, distinto a cualquier otra persona, te ama y te acepta incondicionalmente. Estas verdades constituyen el fundamento de una relación sana contigo mismo, y te aliento a meditar en ellas a menudo.

> Dios te creó. Él tiene un gran plan para tu vida, un plan que solo tú puedes cumplir.

Paz con otros

Es probable que no exista una relación humana totalmente libre de tensiones, pero hay ciertas maneras de mejorar nuestras relaciones y estar en paz con otros. Creo que estos cuatro pasos te ayudarán a lograr el objetivo de disfrutar de paz con los demás.

Paso 1: Regula tus expectativas.

Desarrolla y persevera en la paz con Dios y contigo. Solo entonces adquirirás una mentalidad que te permitirá tener paz con cualquier persona. Además, pídele a Dios que te ayude a ver a las personas como Él las ve y que te dé un corazón que las ame. Ora para que Dios te ayude a liberarte de las expectativas poco realistas sobre los demás. Los conflictos y los enfrentamientos a menudo saturan las relaciones, simplemente porque algunas personas esperan que otros piensen, digan o hagan cosas que ellos no pueden ni podrán pensar, decir o hacer. Si equilibramos nuestras expectativas sobre las personas, podremos aumentar considerablemente nuestra paz con ellas.

Paso 2: Comprende que nadie es perfecto.

La primera expectativa que debes regular es la de pensar que las personas son perfectas, o al menos que están cerca de serlo. No es así. Solo Jesús es perfecto; todos los seres humanos carecen de perfección en muchas maneras. Permíteme que te exhorte a no malgastar tu energía tratando de hacer posible lo imposible. Las personas tienen fallas, y no hay forma de evitarlo. No importa con quiénes estés relacionado, habrá momentos en que esas personas te decepcionarán; por lo tanto, planea perdonar con frecuencia.

Paso 3: Valora las diferencias.

No esperes que los demás sean como tú, porque nadie lo será. Descubrir que cada persona nació con un temperamento que Dios le dio y que todos somos únicos fue una revelación para mí. Hace años aprendí que la personalidad de cada individuo es una combinación del temperamento que tiene al nacer y los sucesos o experiencias de la vida. Esto significa que ninguno es exactamente igual a nadie más.

Puedes aumentar en gran medida la paz en tus relaciones simplemente eligiendo aceptar a cada persona de tu vida como un individuo diseñado específicamente por Dios y concediéndole la libertad de ser quien es.

aceptar a cada persona de tu vida como un individuo diseñado específicamente por Dios

Paso 4: Alienta.

A todos nos encanta estar con personas que celebran y reconocen nuestras fortalezas y eligen ignorar nuestras debilidades. A todos nos gusta que nos alienten y nos hagan sentir realmente bien con nosotros mismos, y detestamos estar entre gente negativa, desmoralizante, que enfoca su atención en nuestras fallas.

Alentar al prójimo es parte de ser una persona más positiva. Ten cuidado con tus pensamientos sobre las personas. Los pensamientos adversos o de crítica generalmente no se limitan a la mente. Tienden a escaparse por la boca y eso es perjudicial para las relaciones. En cambio, busca lo bueno de cada persona y trata de magnificarlo, tanto en tu mente como con tus palabras.

PROCURA ACTIVAMENTE LA PAZ

Si queremos vivir en armonía con los demás, debemos adaptarnos a las personas y a las situaciones. Puedo asegurarte que no sentía ningún interés por adaptarme a nada ni a nadie. Quería que los otros se adaptaran a mí, pero en mi orgullo, ni siquiera consideraba que necesitaba cambiar o adecuarme a ellos de alguna manera, por eso mi vida y mis relaciones seguían conmocionadas. Después de varios años, finalmente me predispuse a hacer lo que fuera necesario para lograr la paz, y aprendí que adaptarme estaba primero en la lista de Dios para mí. Descubrí que tener la razón todo el tiempo no era realmente tan importante como yo creía. Ahora, verdaderamente disfruto la libertad de no tener que salirme con la mía. Sí, dije la libertad de no tener que salirme con la mía. Mi carne puede sentirse incómoda por un corto tiempo cuando me adapto a alguien o a algo que no es lo que en verdad quería, pero en mi interior me siento sensacional porque sé que he cumplido con la ley del amor e hice mi parte para procurar la paz.

¿Quieres comprometerte a ser hacedor de la paz y mantenerla?

Adaptarse a otros no significa dejarlos tener el control sobre nosotros ni convertirnos en un tapete para que el mundo camine encima. Hay momentos en los que debemos mantenernos firmes sin importar quién se moleste, pero también existen muchas ocasiones en las que hacemos una montaña de un grano de arena y renunciamos a nuestra paz por una pequeñez. ¿Quieres comprometerte a ser hacedor de la paz y mantenerla? ¿Examinarás todas tus relaciones, con Dios, contigo y con otros, para hacer todo lo posible por vivir en paz?

Para mí, el punto más importante de este capítulo es que debemos *procurar* la paz. La mayoría de las personas desean paz, pero no hacen lo necesario para tenerla. El primer paso es desarrollar un patrón de pensamiento respecto a que *deseas* vivir en paz con Dios, contigo y con otros. A medida que te recuerdes a ti mismo ese compromiso y actúes en consecuencia, descubrirás que te disgustan cada vez más los conflictos. ¡Procurarás la paz!

PIENSA, LUEGO ACTÚA

1. ¿Estás en paz con Dios, contigo y con otros? Si no es así, ¿qué verdades aprendiste en este capítulo que podrían ayudarte a incrementar el nivel de paz en tus relaciones?

_____

_____

2. ¿De qué manera necesitas renovar tus expectativas sobre Dios, sobre ti mismo y sobre otros para dejar de luchar con los desacuerdos en las relaciones?

_____

_____

3. ¿Qué medidas prácticas puedes tomar para procurar activamente la paz con Dios, contigo y con otras personas?

_____

_____

Patrón de pensamiento 10

PORQUE ESTOY EN CRISTO, VIVO EN EL PRESENTE Y DISFRUTO DE CADA MOMENTO.

> *Este es el día en que el Señor ha obrado;*
> *¡Alegrémonos y seamos felices en él!*
> SALMOS 118:24 (PDT)

Debemos disfrutar cada momento de nuestra vida y permanecer enfocados en el presente. No podemos vivir en el pasado ni proyectarnos demasiado hacia el futuro. El momento actual es el regalo de Dios para nosotros ahora, y por eso debemos vivirlo y disfrutarlo plenamente. Cada minuto de vida es un obsequio de Dios; aprender a vivir en el presente puede transformar nuestra existencia y ayudarnos a disfrutarla de maneras totalmente novedosas.

Recuerda esto: cada día que malgastes, será un día que no recuperarás. ¡Haz que cada día cuente!

CLAVES PARA DISFRUTAR EL MOMENTO PRESENTE

¿Crees que Dios quiere que disfrutes tu vida? ¡Así es! En realidad, parte de la voluntad de Dios para ti es que disfrutes cada momento que Él te regala. Estoy segura de lo que digo porque Su Palabra lo afirma reiteradamente. Solo para darte un ejemplo, el rey Salomón, considerado el hombre más sabio que jamás haya vivido, escribe en Eclesiastés 2:24: "Lo mejor que puede hacer uno es comer, beber y disfrutar del trabajo que hace. También vi que esto viene de Dios" (PDT).

Aprender a vivir en el presente y deleitarnos en cada momento puede ser un desafío para algunos, además de tomar bastante tiempo. En este capítulo, deseo compartirte algunas claves específicas que me han ayudado a aprender a vivir en el presente y disfrutarlo. Creo que si las pones en práctica también te ayudarán.

Entrégate a lo que estás haciendo

Cuando el término *multitarea* comenzó a volverse popular, parecía que todos querían ponerlo en práctica. Muchas descripciones laborales de pronto empezaron a incluir frases como: "ser capaz de hacer multitarea", y todavía sucede. Aunque en verdad hay momentos en que una persona debe hacer malabares con varias actividades al mismo tiempo, no estoy segura de que ser multitarea nos sirva mucho, y no creo que deba convertirse en un estilo de vida. En realidad, creo que tratar de hacer demasiadas cosas a la vez genera estrés y evita que las disfrutemos. Algunas personas pueden hacer varias tareas al mismo tiempo sin perder la calma y el enfoque, pero inclusive ellas tienen límites. Hacer demasiado de una vez, a menudo produce ansiedad, confusión y frustración, lo que provoca que no podamos disfrutar nada.

Quiero desafiarte a que desistas de las excesivas multitareas y aprendas a entregarte a lo que estás haciendo. Dedícate a una cosa a la vez, concéntrate en ella y decídete a disfrutarla. Sin dudas está bien leer un libro mientras aguardas en una sala de espera antes de una cita, pero te animo a comenzar a resistir la necesidad de hacer simultáneamente más de una cosa que requiera de tu capacidad mental o tu atención completa. Por ejemplo, no hables por teléfono mientras pagas las facturas en línea. No hagas una lista de proyectos de mejora de tu hogar para el fin de semana mientras asistes a una reunión de trabajo. Y bajo ningún punto de vista te maquilles, visites las redes sociales ni envíes correos electrónicos o mensajes de texto mientras conduces.

> *Dedícate a una cosa a la vez, concéntrate en ella y decídete a disfrutarla.*

Romper con el mal hábito de las tareas múltiples en exceso puede parecer fácil, pero en la práctica, en nuestra sociedad es bastante difícil; por eso, debes estar decidido a formar nuevos hábitos equilibrados en esta área. Este libro te enseña a controlar tu forma de pensar para que desarrolles patrones de pensamiento sanos, y el arte de enfocarte en lo que estás haciendo es fundamental para lograr ese objetivo.

Respira profundo, cálmate y decídete a hacer solo lo que puedas hacer en paz y con deleite.

Vuélvete como un niño en tu relación con Dios

En la mayoría de los casos es bueno actuar como adulto. Sin embargo, debemos acercarnos a Dios como niños pequeños, no de manera *infantil*, sino como *infantes*. Una cosa es segura: a los niños pequeños les resulta fácil encontrar la manera de deleitarse en cualquier cosa que hagan. Si te acercas a Dios como un niño, podrás disfrutar de tu relación con Él y de todo lo que hagas.

Te animo a que tu relación con Dios refleje la confianza de un niño que no necesita comprender el porqué de cada cosa. Desarrolla una fe simple, ora con palabras sencillas, arrepiéntete rápido, y apresúrate a recibir la ayuda de Dios. Cree que Él es bueno. Si lo necesitas, pídele perdón a Dios y recíbelo con fe; no malgastes tu tiempo sintiendo culpa o condenación. Con esta sencillez en tu relación con Dios, descubrirás que creces espiritualmente y disfrutas de Él más que nunca. Una de las metas más gratificantes y útiles que puedes proponerte es disfrutar de Dios en todo momento y en toda actividad.

Desarrolla una fe simple, ora con palabras sencillas, arrepiéntete rápido, y apresúrate a recibir la ayuda de Dios. Cree que Él es bueno.

Disfruta de las personas

No podemos disfrutar del presente si no aprendemos a disfrutar de todo tipo de personas, porque muchos de nuestros momentos incluyen a otros. Hace poco leí que la mayor parte de nuestra infelicidad se origina porque nos encontramos con personas que no son lo que queremos que sean o no hacen lo que queremos que hagan, y estoy de acuerdo. Fue útil darme cuenta de que, aunque es probable que algunos individuos me irriten, Dios los ama mucho, quiere que yo tenga una buena actitud y un corazón amoroso que acepte a los demás.

Dios creó todo tipo de personas con temperamentos y personalidades diferentes; realmente creo que Él se goza con todos. De hecho, parece que se deleita con la diversidad. Si nunca pensaste en esto, tómate un tiempo y mira a tu alrededor. Dios creó la variedad y lo que Él creó es bueno; por eso te motivo a que aceptes a quienes son diferentes a ti y aprendas a disfrutar de su singularidad tal como Dios lo hace.

Disfruta de una vida equilibrada

Estoy convencida de que llevar una vida de equilibrio es uno de los mayores desafíos. Examina tu vida periódicamente y pregúntate con honestidad si has permitido que ciertas áreas se desequilibren. ¿Estás haciendo demasiado o muy poco de algo? La falta de equilibrio podría ser el principal motivo que impide el regocijo en tu vida.

No siempre he vivido en equilibrio, pero le agradezco a Dios por ayudarme a alcanzar la estabilidad que ahora logro la mayor parte del tiempo. Anímate a lograr lo mismo. Equilibra tus actividades e incluye variedad en tu rutina. Equilibra el trabajo con el descanso y la diversión. No hagas lo mismo todo el tiempo ni te excedas con alguna cosa. Eso te ayudará a evitar el desgaste y a deleitarte en todo.

Equilibra el trabajo con el descanso y la diversión.

Deja atrás el pasado

Tu pasado puede ser una carga pesada e insoportable cuando tratas de arrastrarlo a tu presente. Para dejarlo atrás debes dejar de pensar en él. Quítalo de tu mente y sácalo de tus conversaciones. Satanás te recordará tu pasado porque desea que permanezcas estancado ahí, pero recuerda que puedes elegir tus pensamientos. No es necesario que pienses en todo lo que aterriza en tu mente.

Si te aferras al pasado no podrás deleitarte en el presente y esperar con ansias el futuro. Si luchas con la culpa, la condenación, la vergüenza, los reproches o el remordimiento, pídele a Dios que te perdone y te hará libre del lastre del pasado.

Elige tus batallas

Creo que una de las mejores maneras de disfrutar el presente y evitar la excesiva ansiedad es negarte a que cualquier pequeñez te irrite. En otras palabras, elige tus batallas y no hagas una montaña de un grano de arena. Antes de dedicar tu tiempo, energía y emociones a un problema o una situación, responde dos preguntas:

1. ¿Qué importancia tiene esta situación?
2. ¿Cuánto tiempo, esfuerzo y energía es realmente necesario que le dedique?

Descubre qué es lo que verdaderamente importa en la vida y enfócate en ello. Aprende a discernir la diferencia entre los grandes problemas y los pequeños asuntos.

Comprende que no puedes cumplir con las expectativas de todos

Tenemos muchas relaciones y cada persona tiene expectativas sobre nosotros, como ya expuse en un capítulo anterior. Algunas de esas expectativas son razonables y nos corresponde cumplirlas, como cuidar a nuestros hijos. Otras expectativas no son razonables, como cuando las personas esperan que hagamos por ellos algo que ellos son capaces de hacer, pero evitan porque no quieren esforzarse. Cuando cumplimos con las expectativas de todos, nos agotamos. Además estamos agradando a la gente en lugar de agradar a Dios, lo que nos hace ineficaces. Todos queremos que los demás estén contentos con nosotros, pero también debemos darnos cuenta de que a menudo la gente tiene expectativas inapropiadas o poco realistas. Es sabio que busquemos a Dios para comprender qué expectativas desea que cumplamos y cuáles no es necesario satisfacer.

No esperes para disfrutar de ti mismo

Nuestro ministerio organiza un número de conferencias todos los años, yo hablo y enseño mucho en todas. Solía ver estos eventos como trabajo, como parte de mis responsabilidades laborales. Cada vez que hacía una conferencia, pensaba: "Es mi obligación, y cuando termine mi trabajo, disfrutaré de mí misma". Después de varios años, comencé a reflexionar en todo el tiempo que pasaba en el púlpito, y me di cuenta de que, si no lo disfruto, no me quedará mucho tiempo para gozar de nada más. Por eso decidí deleitarme mientras trabajo. Esta es una de las maneras en que he aprendido a disfrutar de cada momento.

Necesitarás descubrir maneras de disfrutar los momentos del presente en tu vida. De hecho, aprender a ser feliz mientras trabajas puede ser una, pero existen muchas otras. Comienza a pensar en qué puedes hacer para añadir más gozo a cada experiencia. El presente es lo único que tenemos garantizado, no esperes a después (hasta que te cases, hasta que te retires, hasta que vayas de vacaciones, hasta que tus hijos terminen la universidad) para disfrutar de la vida. Nadie sabe qué pasará más adelante con nosotros o en el mundo. Ahora tienes vida, aprovéchala al máximo, abrázala y celébrala.

PIENSA, LUEGO ACTÚA

1. Piensa en tres cualidades de los niños que podrías practicar en tu relación con Dios.

_____

_____

2. ¿Tienes una vida equilibrada? ¿En qué áreas necesitas mejorar y cómo puedes hacerlo?

_____

_____

3. Piensa en tus batallas actuales. ¿De cuáles debes alejarte y cuáles vale la pena que sigas peleando?

_____

_____

PORQUE ESTOY EN CRISTO,
SOY DISCIPLINADO Y TENGO DOMINIO PROPIO.

Ciertamente, ninguna disciplina, en el momento
de recibirla, parece agradable, sino más bien penosa;
sin embargo, después produce una cosecha de justicia
y paz para quienes han sido entrenados por ella.
HEBREOS 12:11

Honestamente, creo que una vida disciplinada es una vida poderosa. Aprender a ser disciplinado y practicar el dominio propio te alejará de la pereza y de los excesos, te ayudará a estar enfocado y ser productivo. Deberás esforzarte, pero la recompensa valdrá la pena. Una vida disciplinada comienza con una mente disciplinada. Debemos tener la capacidad de estructurar nuestra mente y mantenerla ordenada en cuanto a nuestros deseos y objetivos.

LIBERTAD CON LÍMITES

El apóstol Pablo comprendía qué era la disciplina y escribió sobre ella en varias cartas. En 1 Corintios 6:12 nos dice: "Algunos de ustedes dicen: 'Soy libre de hacer lo que yo quiera'. ¡Claro que sí! Pero no todo lo que uno quiere, conviene; *por eso no permito que nada me domine"* (TLA, énfasis de la autora).

> *La disciplina es el precio de la libertad y la puerta hacia la liberación.*

La disciplina es el precio de la libertad y la puerta hacia la liberación. Cuando no tenemos disciplina, caemos bajo el dominio de cosas que no deberían controlarnos. Por ejemplo, sin disciplina para comer alimentos saludables, nos convertimos en esclavos de las grasas, los azúcares y otras sustancias perjudiciales para nuestro bienestar físico. Cuando no practicamos el dominio propio con nuestras finanzas, quedamos presos del poder de las deudas, y el endeudamiento literalmente evita que hagamos lo que queremos o debemos hacer en la vida. Cuando no nos disciplinamos para descansar lo necesario, nos convertimos en esclavos de la fatiga, que nos vuelve irritables, predispuestos a cometer errores y cansados en momentos cuando deberíamos tener vitalidad.

El enemigo quiere controlar nuestra vida influyendo nuestros pensamientos tanto como le sea posible, pero no debemos permitir que lo haga. Así como debemos educarnos para pensar de la manera en que Dios quiere que pensemos, debemos aprender a resistir al enemigo cuando trata de influenciar nuestros pensamientos. La clave para derrotarlo es aprender a disciplinar nuestra mente, lo que comienza con pensar y creer que somos disciplinados.

Cuando verdaderamente comprendemos el poder, la libertad, el gozo y la victoria que la disciplina trae a nuestra vida, nos aferraremos a ella con entusiasmo. En muchas áreas, especialmente en nuestra mente, constituye la diferencia entre una vida feliz y una vida miserable; una vida de esclavitud dominada por el enemigo o una vida de libertad en Cristo. Recuerda siempre que la disciplina es una herramienta que Dios nos da para ayudarnos a cumplir nuestros propósitos. Es una amiga que debemos abrazar y permitir que nos influya a diario.

Cómo ganarle a una mente errante

Una razón por la que disciplinar nuestra mente es tan importante es que puede cambiar muy rápido. Es probable que en un momento estemos en calma, con paz, seguros de nosotros mismos y confiando en Dios. Una hora después, nos hemos vuelto ansiosos, preocupados, inseguros y llenos de dudas. Honestamente he experimentado ese tipo de altibajos en mi vida y esas emociones siempre se arraigan en mi pensamiento.

Cuando el enemigo ha establecido ciertos patrones de pensamiento en nuestra mente, no abandona su territorio con facilidad. Debemos estar dispuestos a comenzar a pensar correctamente, y disciplinarnos para seguir luchando hasta obtener la victoria. Si has pasado años permitiendo que tu mente divague en todas direcciones, volver a entrenarla puede llevarte un tiempo, pero el esfuerzo que inviertas producirá increíbles resultados.

Muchas personas luchan con la indecisión y otros desafíos en su mente porque no han fortalecido la capacidad para pensar disciplinadamente. La gente con dificultades de concentración para tomar decisiones se pregunta si hay algún problema con su cabeza. Sin embargo, la incapacidad de concentrarse y tomar decisiones puede ser resultado de años de permitir que la mente haga lo que quiera en lugar de disciplinarla. Esto a menudo es reflejo de cierto patrón de pensamiento que resulta como una fortaleza que el enemigo ha construido en la mente de la persona.

A mí me llevó tiempo derribar las fortalezas mentales del enemigo, pero lo logré y tú también puedes hacerlo. No me resultó fácil, así que no te desanimes si te toma tiempo y esfuerzo. Pídele a Dios que te ayude y confía en que Él te dará la victoria en el tiempo correcto.

> Pídele a Dios que te ayude y confía en que Él te dará la victoria en el tiempo correcto.

Lleva práctica

Entrenar nuestra mente para ser disciplinada requiere práctica. Una manera en que aprendí a hacerlo fue evitando que mi mente divague durante las conversaciones.

A veces Dave me habla y lo atiendo por un momento, aunque luego descubro que no he escuchado ni una palabra de lo que me dijo, porque permití que mi mente pensara en alguna otra cosa. Durante años, cuando me sucedía esto, simulaba saber con exactitud lo que Dave estaba diciendo. Ahora simplemente me detengo y le pido: "¿Lo repetirías por favor? Dejé que mi mente se distrajera y no escuché nada de lo que dijiste". Esa es mi manera de abordar el problema. Estoy disciplinando mi mente para concentrarme.

También he descubierto que todos enfrentamos con frecuencia lo que yo llamo "tiempo de itinerancia mental", es decir tiempo en el que no estamos ocupados en algo específico, por lo que nuestra mente está libre para deambular por ahí y elegir algún tema para reflexionar. Puede ser cuando conducimos, nos duchamos, antes de dormirnos o en algún otro momento. Necesitamos tener cuidado de usar esos momentos de manera productiva y asegurarnos de que pensamos en cosas que construyen nuestro carácter y nos ayudan a crecer en lo espiritual. La próxima vez que descubras que tu mente divaga con pensamientos inútiles, enfócate en alguno de los pensamientos de este libro:

- Puedo hacer todo lo que necesito en la vida a través de Cristo.
- Dios me ama incondicionalmente.
- No vivo en temor.

- No me ofendo con facilidad.
- Amo a las personas y me encanta ayudarlas.
- Confío en Dios por completo y no me preocupo.
- Me siento satisfecho y emocionalmente estable.
- Dios suple todas mis necesidades abundantemente.
- Busco la paz con Dios, conmigo y con otros.
- Vivo en el presente y disfruto de cada momento.
- Soy disciplinado y tengo dominio propio.
- Pongo a Dios en primer lugar en todo.

Recuerda que la mente es un campo de batalla. Es el lugar donde ganas o pierdes las batallas de la vida. La indecisión, la incertidumbre, el miedo y los pensamientos "itinerantes" al azar son simples resultados de no disciplinar la mente. Esta falta de disciplina puede ser frustrante y hacer que pienses: "¿Cuál es mi problema? ¿Por qué no puedo concentrarme en lo que estoy haciendo?" Pero la verdad es que la mente necesita disciplina y entrenamiento para enfocarse. Tienes un espíritu de disciplina y dominio propio, es el momento de comenzar a desarrollarlo.

Pídele a Dios que te ayude y luego niégate a dejar que tu mente piense en lo que se le ocurra. Comienza a controlar tus pensamientos y concéntrate en lo que estás haciendo, diciendo o escuchando. Necesitarás practicar, porque romper viejos hábitos y formar nuevos siempre toma tiempo. Disciplinarse nunca es fácil, pero vale la pena. Cuando ganes la batalla por tu mente, serás mucho más decidido, más seguro y enfocado. Además, también serás una persona más efectiva, productiva y feliz.

CONTRÓLATE

El dominio propio está íntimamente relacionado con la disciplina. Me gusta decir que el dominio propio y la disciplina son amigos que te ayudarán a hacer lo que no quieres hacer, para que obtengas lo que dices que deseas obtener. Según Gálatas 5:23 y 2 Timoteo 1:7, Dios nos ha dado el fruto del dominio propio. En consecuencia, es incorrecto que una persona diga: "No puedo controlarme".

Vivir con disciplina y dominio propio significa practicar el control. Controlarse no siempre es divertido, pero la Biblia dice que es admirable. En Proverbios 1:15, el rey Salomón le explica a su hijo cómo vivir rodeado de pecadores: "¡Pero no te dejes llevar por ellos, hijo mío! ¡*Apártate* de sus senderos!" (énfasis de la autora). Proverbios 10:19 señala: "El que mucho habla, mucho yerra; el que es sabio *refrena su lengua"* (énfasis de la autora). Aquí vemos que el autocontrol es parte de la sabiduría. También es parte de tener un buen sentido común, como vemos en Proverbios 19:11: "El buen juicio hace al hombre *paciente*; su gloria es pasar por alto la ofensa" (énfasis de la autora).

El autocontrol tiene enormes beneficios y aprender a practicarlo será muy útil en todos los aspectos de nuestra vida. No hay muchas personas interesadas en controlarse o tener dominio propio, porque la disciplina no es un concepto popular. La tendencia es preferir vivir con el lema "Si te hace sentir bien, hazlo". El problema es que ¡eso simplemente no funciona! No creo exagerar al decir que en este momento es probable que el mundo se encuentre en la peor condición que jamás haya estado, y las personas supuestamente tienen más "libertad" que en cualquier otra época de la historia. Los derechos humanos y la verdadera libertad bienintencionada son cosas maravillosas, pero pensar que "libertad" significa que podemos hacer cualquier cosa que deseemos en cualquier momento que se nos ocurra es invitar al desastre a nuestra vida.

Creo que Dios sabía de lo que hablaba cuando nos alentó a ser disciplinados. Aumenta la disciplina, es buena; auméntala en tu vida y comprobarás qué quiero decir. Piensa en las áreas de tu vida que deseas que mejoren; podrían ser tus finanzas, la salud, una mejor organización personal, tu manera de pensar, los temas de conversación o un sinnúmero de cosas. Ahora repite: "Soy una persona disciplinada y con dominio propio, y haré mi parte para ordenar mi vida".

PIENSA, LUEGO ACTÚA

1. ¿Eres esclavo de algo o hay algo en tu vida que tiene poder sobre ti? Si la respuesta es afirmativa, ¿de qué se trata?

_____

_____

2. ¿Tu mente divaga? Si la respuesta es afirmativa, ¿cuándo? ¿Qué pensamientos específicos comenzarás a tener cuando te des cuenta de que tu mente no está enfocada?

_____

_____

3. ¿Crees que practicas el dominio propio que necesitas? ¿Cuál es el área en que debes mejorar tu capacidad de controlarte o disciplinarte?

_____

_____

Patrón de pensamiento 12

PORQUE ESTOY EN CRISTO, PONGO A DIOS EN PRIMER LUGAR EN MI VIDA.

No tengas otros dioses además de mí.
ÉXODO 20:3

Quiero terminar este libro con lo que considero el patrón de pensamiento más importante que podamos desarrollar: poner a Dios en primer lugar siempre. Debemos ponerlo en primer lugar en todos nuestros pensamientos, todas nuestras palabras y todas nuestras decisiones. Él nos ama y desea que disfrutemos de una vida extraordinaria. Dios sabe que eso solo puede suceder si lo colocamos a Él y a Sus instrucciones como nuestra prioridad en todo momento. Considero que este pasaje lo expresa perfectamente:

En realidad, todo fue creado por Dios: todo existe por él y para él. Así que ¡alabemos a Dios por siempre! Amén.
Romanos 11:36 (TLA)

Este versículo me recuerda que la vida en su totalidad tiene que ver con Dios. Cuando termine nuestra existencia terrenal, Él es lo único que quedará. La Tierra se esfumará junto con todas las cosas que hay en ella. Simplemente desaparecerán, todos nos presentaremos delante de Dios y daremos cuenta de nuestra vida (Romanos 14:12). Es por eso que cada uno debe tener cuidado en cómo vive y debe aprender a poner a Dios primero en todo.

Cualquier cosa que Dios nos pida hacer es por nuestro bien. Sus instrucciones tienen el objetivo de mostrarnos el camino hacia la justicia, la paz y el gozo. Jesús no murió para que tengamos una religión, sino para que tengamos una relación íntima y profunda con Dios a través de Él. Jesús quiere que vivamos en Él, con Él, a través de Él y para Él. Dios nos creó para que tengamos comunión con Él a través de Cristo Jesús.

> Jesús no murió para que tengamos una religión, sino para que tengamos una relación íntima y profunda con Dios a través de Él.

Me he dado cuenta de que es posible recibir a Jesucristo como Señor y nunca ponerlo verdaderamente por encima de todo lo demás. Podemos quererlo a Él y todo lo que ofrece, y aun así ser reacios a entregarnos a Él para que nos use según Su voluntad. Debemos tener una vida dedicada, consagrada, en la que Dios y Su voluntad sean nuestra máxima prioridad. De lo contrario no podremos sentirnos realmente plenos y satisfechos.

¿DEMASIADAS OCUPACIONES?

Creo que la mayoría desearían tener una maravillosa relación con Dios, pero no logran darse cuenta de que eso depende del tiempo que estén dispuestos a invertir en conocerlo. Algunos piensan que no es posible tener un vínculo íntimo con Dios, y muchos simplemente están muy ocupados con otras cosas y dejan de último en la lista su relación con Dios, después de todo lo demás que hacen. La verdad es que, si creemos que tenemos demasiadas ocupaciones como para convertir el tiempo con Dios en una prioridad, así sucederá. Creo que el éxito de cualquier persona en los negocios, en el ministerio o en la vida cotidiana está directamente relacionado con el lugar de importancia que le otorga a Dios cada día.

CON TODO TU CORAZÓN

Nos perdemos la mayor experiencia de la vida si nunca llegamos a conocer realmente a Dios en persona. Debemos buscarlo a diario. El apóstol Pablo dijo que *lo único que deseaba* era conocer a Dios y el poder de Su resurrección (Filipenses 3:10). Es un proyecto que vale la pena para todos.

Jesús nos dijo con claridad cuál debería ser nuestro principal objetivo y prioridad. Cuando los fariseos le preguntaron cuál era el mandamiento más importante de la ley, Él respondió: "Ama al Señor tu Dios con todo tu corazón, con todo tu ser y con toda tu mente" (Mateo 22:37). En otras palabras, no podemos amar a Dios solo cuando necesitamos que nos ayude; no podemos amarlo solo cuando es popular o nos conviene; no debemos prestarle atención solo cuando estamos en la iglesia o porque pensamos que podría castigarnos si no lo hacemos. Debemos amarlo con todo nuestro corazón; no por miedo u obligación, debemos amarlo con pasión y devoción, más que a cualquier otra cosa o persona. Ese es el significado de "con todo tu corazón".

Maneras prácticas de poner a Dios en primer lugar

A muchos les resulta atractiva la idea de poner a Dios primero, pero no están seguros de cómo lograrlo. Te sugeriré tres maneras simples de hacerlo.

1. Pídeselo
Primero, pídele a Dios que te dé el deseo de ponerlo en primer lugar. Algunos tienen muchas ganas de hacerlo, mientras que otros luchan con ese deseo. No importa cómo te sientes al respecto, si tienes un gran compromiso o todavía estás en la lucha, querer que sea tu prioridad es importante, porque el deseo es el combustible que te permite seguir creciendo en Dios. Hace que quieras estar en Su presencia, te mantiene disciplinado en tu vida espiritual y te ayuda a permanecer enfocado mientras oras y lees la Palabra de Dios.

2. Ten disciplina

Segundo, deberás ejercitar las disciplinas espirituales. Leíste sobre la disciplina en el capítulo anterior que se aplica a tu vida espiritual y a las demás áreas. Tu espíritu desea y necesita pasar tiempo de calidad con Dios, pero la carne necesita disciplinarse para hacerlo. Debe formar nuevos hábitos, entre ellos pasar tiempo con la Palabra de Dios y en oración, alabar y adorar al Señor, servirlo y ser generoso cuando te guía a bendecir y cuidar a otros. Estas disciplinas espirituales fortalecen y estimulan tu vida espiritual. Esfuérzate por practicarlas y comprobarás lo que quiero decir.

> *disciplinas espirituales fortalecen y estimulan tu vida espiritual*

3. Edúcate

Otra manera de poner a Dios primero es educarse en cuanto a Sus caminos y propósitos. Sin duda debes disponer tu corazón para buscarlo, pero también es necesario disponer tu mente y, para eso, aprender cosas que es probable que todavía no sepas. Busca una iglesia buena, digna de confianza, fundamentada en la Biblia, y participa activamente. Lee libros, escucha sermones y enseñanzas, toma clases o estudios bíblicos, asiste a conferencias y seminarios, busca personas que sean más maduras y experimentadas en Dios que tú y pregúntales sobre cosas que te ayuden a crecer en lo espiritual.

Vale la pena invertir tiempo y dinero en obtener los recursos que necesitas para crecer porque los frutos serán maravillosos.

PON EN PRÁCTICA TU AMOR POR DIOS

No podemos simplemente decir que amamos a Dios, que deseamos ponerlo en primer lugar y sentarnos a esperar que suceda automáticamente. Debemos actuar para que nuestro amor se refleje al obedecerlo. Si verdaderamente deseamos obedecer a Dios, aprenderemos a escuchar cada vez más Su voz y elegir el camino que Él nos muestra. Te motivo a que ores diariamente para que recibas de Dios la gracia de obedecerlo. Que tu esfuerzo no se quede en un intento, ¡ora!

En Éxodo 24, Dios le habló a Moisés que tomó nota de lo que le dijo. Cuando leyó esas palabras ante el pueblo de Dios, ellos respondieron: "Haremos todo lo que el Señor ha dicho, y le obedeceremos" (Éxodo 24:7). Evidentemente no tomaban la Palabra de Dios con ligereza. Comprendían que no podían simplemente escuchar lo que decía, también debían obedecer. Cuando leo este pasaje, tengo la impresión de que las personas, al acercarse a escuchar la Palabra de Dios, ya habían decidido que querían aprender lo que tenían que hacer y cómo debían vivir. Su actitud parecía ser: "no importa lo que Dios diga; igualmente le obedeceremos". Si adoptas este patrón de pensamiento, tendrás una actitud de obediencia diligente a Dios. De esa forma le demuestras que ocupa el primer lugar en tu vida, sin procrastinación ni excusas.

LO PRIMERO ES LO PRIMERO

No puedo escribir sobre poner a Dios en primer lugar sin mencionar Mateo 6:33 (TLA): "Lo más importante es que reconozcan a Dios como único rey, y que hagan lo que él les pide. Dios les dará a su tiempo todo lo que necesiten". En otras palabras, si ponemos a Dios en primer lugar, todas nuestras necesidades serán satisfechas; es decir que cada cosa ocupará el lugar que le corresponde.

La idea de darle a Dios el primer lugar aparece en toda la Biblia. En el Antiguo Testamento, el pueblo de Dios entregaba lo que se denominaba "ofrenda de las primicias", que era el primer fruto de cualquier cosa que tuvieran, como sus productos, sus animales primogénitos, sus hijos primogénitos, su oro y su plata. Todo. Entonces, por ejemplo, si un hombre era granjero, entregaba como ofrenda al Señor las primeras cosechas que producía su campo.

Confío en que me cuidarás y suplirás todas mis necesidades

Cuando le damos a Dios lo primero, estamos diciendo: "Señor, quiero darte esto a ti antes de hacer cualquier otra cosa. Confío en que me cuidarás y suplirás todas mis necesidades, deseo honrarte con la primera evidencia de mi provisión y ganancia. No quiero darte las sobras; deseo entregarte las 'primicias' para demostrarte que ocupas el primer lugar en mi vida. Estoy ofreciéndote mis primeros frutos y confío en que me darás más". Si le damos a Dios lo primero de todo lo que llegue a nosotros, el resto será bendecido.

Te exhorto a que pongas a Dios en primer lugar y le ofrendes tus primicias. Entrégale los primeros momentos de cada día pasando tiempo con Él antes de hacer cualquier otra cosa. Comienza a programar tu jornada en torno a Dios en lugar de acomodar a Dios en tu día. Si le entregas la primera parte del día, Él hará que el resto sea extremadamente productivo. Dale a Dios lo primero de tus finanzas antes de esperar a ver qué te queda luego de pagar tus facturas. Otórgale a Dios las primicias de tu atención, acudiendo a Él para que te guíe antes de pedir el consejo de tus amigos.

> *Comienza a programar tu jornada en torno a Dios en lugar de acomodar a Dios en tu día.*

Dios puede y quiere hacer más por nosotros que lo que nosotros podríamos pedir o imaginar jamás (Efesios 3:20). Él desea expandir nuestros horizontes y quiere que disfrutemos, no solo de nuestra vida, sino también de Él.

Dios puede y quiere hacer más por nosotros que lo que nosotros podríamos pedir o imaginar jamás

Poner a Dios primero es una elección. Debes hacerlo deliberadamente. Pero es una elección que acarrea bendiciones más emocionantes de lo que puedas imaginar: paz en el corazón, gozo, satisfacción en tu vida, provisión para cada necesidad y mucho más. Coloca a Dios en primer lugar siempre ¡y espera ver lo que Él hará!

PIENSA, LUEGO ACTÚA

1. Quiero que seas totalmente honesto contigo y te preguntes si has puesto otra cosa antes que a Dios. Si es así, ¿qué cambios harás para colocar a Dios en primer lugar en tu vida?

_____

_____

2. ¿Ofrendas a Dios las primicias de tu tiempo, tu energía, tus recursos financieros y tu amor? ¿Cómo podrías mejorar en darle los primeros frutos de todo lo que tienes?

_____

_____

3. ¿Tienes comunión íntima con Dios y lo disfrutas?

_____

_____

Conclusión

Desarrollar los pensamientos correctos según la Palabra de Dios es de lo más importante que podemos hacer. Quiero recordarte que hacerlo llevará tiempo y que mientras avanzas en ello, cometerás errores. Cuando suceda, no abandones pensando: "Nunca lograré hacerlo bien". Sigue adelante, porque la diligencia siempre da buenos resultados.

Tener pensamientos intencionalmente o llevar adelante lo que yo llamo "sesiones de pensamiento" es una excelente forma de renovar la mente. Este libro contiene doce patrones de pensamiento de poder, pero existen muchísimos otros que pueden resultarte igualmente beneficiosos; entonces, expande y adapta la lista a tu situación particular.

Asegúrate de tener buenos pensamientos sobre tu prójimo y sobre ti mismo, y recuerda que los pensamientos se convierten en acciones. Piensa positivamente respecto a todo, especialmente sobre el futuro. Dios ha planificado situaciones, relaciones, acciones, bendiciones muy buenas para ti, pero necesitas estar de acuerdo con Él para que se vuelvan realidad en tu vida.

Ya que estás leyendo esta conclusión, presumo que has terminado el libro y mi oración es que te haya ayudado a renovar tu mente y continúe haciéndolo para que puedas disfrutar de la vida maravillosa que Jesús te dio a través de Su muerte.

Si nunca recibiste a Jesús como tu Salvador y estás listo para tomar esa decisión, haz la oración que incluyo en la siguiente página. Si tienes dudas sobre cómo comenzar tu nueva vida como creyente de Jesús, llama a nuestra oficina y permítenos ayudarte.

¿TIENES UNA RELACIÓN AUTÉNTICA CON JESÚS?

¡Dios te ama! Te creó para ser único, especial y excepcional; Él tiene un plan y un propósito específico para tu vida. A través de una relación auténtica con Dios, tu Creador, puedes descubrir un estilo de vida que realmente será satisfactoria.

No importa quién eres, qué has hecho, o en qué punto del camino te encuentras ahora; la gracia y el amor de Dios son más grandes que tus errores y tus pecados. Jesús se entregó gustosamente para que pudieras recibir el perdón de Dios y tuvieses nueva vida en Él. Solo está esperando que lo invites a ser tu Señor y Salvador.

Si estás dispuesto a iniciar una nueva vida con Jesús y seguirlo, todo lo que debes hacer es pedirle que perdone tus pecados y te permita comenzar esa vida destinada para ti. Empieza por esta oración:

Gracias, Señor Jesús, por dar tu vida
por mí y perdonar mis pecados para que pueda tener
una relación auténtica contigo.
Estoy sinceramente arrepentido
de los errores que he cometido y sé que
necesito de ti para ayudarme a vivir correctamente.

En Romanos 10:9 tu Palabra dice "Si confiesas con tu boca
que Jesús es el Señor y crees de corazón que Dios
lo levantó de entre los muertos, entonces serás salvo"
(NVI). Creo
que eres el Hijo de Dios, confieso que eres mi Señor
y mi Salvador.
Tómame como soy y trabaja en mi corazón
haciéndome la persona que quieres que sea.
Quiero vivir para ti, Jesús, y estoy tan agradecido
por el nuevo comienzo que me das.
¡Te amo, Jesús!

¡Es tan increíble saber que Dios nos ama tanto! Él quiere tener una relación íntima y profunda con nosotros, un vínculo que crezca mientras pasamos tiempo con Él, en oración y estudiando la Biblia. Queremos animarte en tu nueva vida en Cristo.

Por favor, visita joycemeyer.org/KnowJesus para solicitar el libro de Joyce *A New Way of living* (*Una nueva forma de vivir*), que es nuestro regalo para ti. Tenemos también otros recursos online, gratis, que te ayudarán a progresar en tu búsqueda de todo lo que Dios te tiene reservado.

¡Felicitaciones por este nuevo comienzo de tu vida en Cristo! Esperamos pronto tener noticias tuyas.

[Sobre la autora]

Joyce Meyer es una de las maestras prácticas de la Biblia más destacadas del mundo. Es una de las autoras con mayores ventas del *New York Times* y sus libros han ayudado a millones de personas a encontrar esperanza y restauración a través de Jesucristo. Sus programas, como *Disfrutando la vida diaria* y *Respuestas cotidianas con Joyce Meyer* se transmiten en todo el mundo por radio, televisión e internet. A través de los Ministerios Joyce Meyer, ella enseña internacionalmente sobre temas enfocados en cómo la Palabra de Dios se aplica a la vida cotidiana. Su estilo comunicativo simple le permite compartir honestamente y de manera práctica sobre sus experiencias para que otros puedan aplicar lo que ella ha aprendido.

Joyce ha escrito más de cien libros, traducidos a más de cien idiomas; más de sesenta y cinco millones de sus libros han sido distribuidos en todo el mundo. Los más vendidos incluyen: *Pensamientos de poder; Mujer segura de sí misma; Luzca estupenda, siéntase fabulosa; Empezando tu día bien; Termina bien tu día; Adicción a la aprobación; Cómo oír a Dios; Belleza en lugar de cenizas; y El campo de batalla de la mente.*

La pasión de Joyce por ayudar a las personas que sufren es el fundamento de la visión de Mano de esperanza, el brazo misionero de los Ministerios Joyce Meyer. Mano de esperanza tiene alcances humanitarios en todo el mundo: programas de alimentación, atención médica, orfanatos, respuestas a desastres, intervención y rehabilitación en casos de tráfico de personas, y mucho más; siempre compartiendo el amor y el Evangelio de Cristo.

Porque estoy en Cristo...

puedo hacer todo lo necesario en la vida.
soy amado incondicionalmente.
no vivo en temor.
no me ofendo con facilidad.
amo a las personas y me encanta ayudarlas.
confío en Dios por completo y no me preocupo.
me siento satisfecho y emocionalmente estable.
sé que Dios suple todas mis necesidades.
busco la paz con Dios, conmigo y con otros.
vivo en el presente y disfruto de cada momento.
soy disciplinado y tengo dominio propio.
pongo a Dios en primer lugar en mi vida.

DIRECCIONES DE LOS MINISTROS JOYCE MEYER
EN EE. UU. Y EN EL EXTRANJERO

Ministerios Joyce Meyer
P.O. Box 655
Fenton, MO 63026
Estados Unidos
(636) 349-0303

Ministerios Joyce Meyer, Canadá
P.O. Box 7700
Vancouver, BC V6B 4E2
Canadá
(800) 868-1002

Ministerios Joyce Meyer, Autralia
Locked Bag 77
Mansfield Delivery Centre
Queensland 4122
Australia
(07) 3349 1200

Ministerios Joyce Meyer, Inglaterra
P.O. Box 1549
Windsor SL4 1GT
Reino Unido
01753 831102

Ministerios Joyce Meyer, Sudáfrica
P.O. Box 5
Cape Town 8000
Sudáfrica
(27) 21-701-1056